바른 추론, 그른 추론

바른 추론, 그른 추론

2013년 2월 28일 초판1쇄 발행
2014년 2월 28일 초판2쇄 발행
2015년 9월 5일 초판3쇄 발행
2017년 3월 8일 초판4쇄 발행
2019년 2월 10일 초판5쇄 발행
2021년 3월 10일 초판6쇄 발행

지은이 | 김보현 · 김효섭
펴낸이 | 이찬규
펴낸곳 | 북코리아
등록번호 | 제03-01240호
주소 | 13209 경기도 성남시 중원구 사기막골로 45번길 14
       우림2차 A동 1007호
전화 | 02-704-7840
팩스 | 02-704-7848
이메일 | sunhaksa@korea.com
홈페이지 | www.북코리아.kr
ISBN | 978-89-6324-286-6 (93100)

값 14,000원

*이 도서의 국립중앙도서관 출판시도서목록(CIP)은 서지정보유통지원시스템 홈페이지(http://seoji.nl.go.kr)와
 국가자료공동목록시스템(http://www.nl.go.kr/kolisnet)에서 이용하실 수 있습니다.
 (CIP제어번호: CIP2013001121)

바른 추론, 그른 추론

논리학 입문서

김보현 · 김효섭 지음

북코리아

들어가는 말

　이미 많은 논리학 입문서가 번역도 되고 저술도 되어 시중에 횡행하는 터에, 다시 한 권을 더하게 되었으니 그 사연을 말하지 않을 수 없다. 기초학문으로서 의당 그래야겠지만, 논리학은 활용 분야가 매우 넓은 학문이다. 학술적 분석에서 법리 논쟁이나 일상적 논증 그리고 글쓰기에 이르기까지 논리학이 적용되지 않는 곳은 거의 없는 듯하다. 그러나 근래에 일상적 논증이나 논술에 대한 관심과 수요가 증가하면서 이런 분야의 주제와 관련되는 부분만을 중점적으로 다루는 입문서들이 양산되었다. 이런 책들은 대중적 관심이 높은 문제들을 집중적으로 다루므로 독자들의 흥미를 유발하여 학습효과를 높이는 장점은 있을 것이나, 특정한 분야에 관한 주제에 편중함으로써 논리학의 전체적인 내용을 온전하게 소개하지 못하는 단점이 있다. 그리고 바로 이것이 근래에 와서 또 한 권의 새로운 논리학 입문서가 필요하게 된 사연이다.

　문명의 발전과 더불어 인간이 살아가는 데 필요한 정보의 양이 개인의 기억만으로는 감당할 수 없을 정도로 많아졌다. 그러나 발전된 현대 과학기술의 덕분으로 여러 가지 첨단 기기들이 인간의 두뇌를 대신하여 정보를 저장하는 것이 가능하게 되었다. 그리하여 이제는 정보를 외우고 기억하는 암기력보다는 주어진 정보를 분석하고 정보들 사이의 관계를 이해하는 사고력과 이러한 정보를 적절하게 가공하여 새로운 방식으로 응용하는 창의력이 훨씬 더 중요한 세상이 되었다. 그런데 주어진 정보들 사이의 관계를 이해하고 그것들이 함의하는 바를 찾아내는 사고력이 추론력이며 논리학은 이러한 추론에 관한 학문이다. 이런 까닭으로 논리학 입문서는 무엇보다도 추론의 특징을 독자들에게 치우침 없이 설명하고 고스란히 이해시키는 것을 목표로 해야 하는데, 이 책이 바로 그런 목표를 지닌 책이다.

추론은 명제에서 명제로 진행된다. 그리고 명제의 종류나 형태는 다양하다. 범주를 나타내는 정언명제도 있고 관계를 언급하는 관계명제도 있는데, 그것들의 형태도 일상어로 표현된 것이 있는가 하면 기호로 표현된 것도 있다. 이에 따라, 추론의 타당성도 그것을 구성하는 명제들의 주어와 술어의 외연상(外延上) 포함관계에 의해 결정되거나 정해진 추론규칙의 준수 여부에 따라 결정된다. 그러므로 독자들에게 추론의 특징을 온전하게 이해시키려는 이 책은 다양한 종류 및 형태의 명제 사이에서 이루어지는 추론들이 어떻게 작용하고 기능하는지 또 그것들의 타당성을 검토하는 방법은 무엇이며 그것들을 부당하게 만드는 원인은 무엇인지 등을 가능한 한 종합적으로 공정하게 설명할 계획이다.

이상의 목표와 계획을 가지고, 이 책은 맨 먼저 제1장에서 논리학의 연구 대상인 추론의 종류 및 구조 그리고 추론을 구성하는 명제의 차이 등을 다룬다. 다음으로 제2장에서는 하나의 명제에서 중간의 매개 명제를 거치지 않고 직접 다른 명제로 진행하는 직접추론을 소개한다. 제3장에서는 간접추론의 하나인 정언삼단추론을 소개하고 그것의 타당성을 검토하기 위해 주연 및 부주연의 개념을 이용하는 방법을 설명하며, 이어서 제4장에서는 같은 목적을 위해 벤다이어그램을 이용하는 방법을 살펴본다.

이 책을 여기까지 공부하고 이해한 독자들은, 다른 사람들의 추론 또는 논증을 검토하여 그것이 올바른지 아닌지를 판정할 수도 있고, 자신의 추론 또는 논증이 타당하다는 것을 증명할 수도 있게 될 것이다. 이제 그들은 옳지 않은 추론들에 대해 무엇이 그것들을 그렇게 만드는지 알고 싶을 것이다. 따라서 이 책의 제5장, 6장, 7장에서는 여러 가지 오류를 다룰 것이다. 오류는 크게 형식적 오류와 비형식적 오류로 나뉘는데, 이 장들에서 우리는 주로 비형식적 오류들을 다루게 될 것이다. 비형식적 오류는 대체로 오류의 유발 원인에 의해 분류되는데 그 원인 범주에 관해 완전히 일치된 견해는 없다. 그래서 비형식적 오류의 종류는 책마다 다소 다르다. 이 책은 기존의 논리학 입문서들과는 확연하게 다른 범주기준에서, 이런 오류의 종류를 감정이나 욕구에 의해서 비롯되는 것과, 기분이나 바람 같은 심리적 요인이 아니라 단순한 혼동 때문에 발생하는 것, 그리고 표현의 애매성이나 부당한 가정을 원인으로 하는 것들로 나누고, 이들을 각각 제5장, 6장, 7장에서 다룬다.

다른 한편으로, 형식적인 오류는 추론 또는 논증을 구성하는 명제들의 내용과 전혀 없이, 정해진 추론형식을 준수하지 않기 때문에 범하는 오류이다. 이 책에서는 제8장~10장에서 추론의 형식을 규정하는 추론규칙들이 논의된다. 추론이 명제의 내용과 전혀 상관없이 순전히 형식적인 추론규칙들에 의해서만 이루어짐에 따라, 추론의 타당성은 더 이상 명제의 주어와 술어의 외연상 포함관계에 의해서가 아니라 명제들을 연결하여 추론을 구성하는 논리적 연결사들의 결합 방식에 의해 결정된다. 따라서 이 책의 제11장은 단순명제들의 진릿값을 독립변항으로 하고 그것들이 논리적 연결사로 결합됨으로써 이루어지는 복합명제들의 진릿값을 종속변항으로 하는 진리함수적 진릿값표를 다룬다. 마지막으로, 제12~14장에서는 명제들을 기호화하고, 추론규칙, 교체법칙, 양화규칙 등을 사용함으로써 중간 단계가 길고 복잡한 추론들의 타당성을 증명하는 방법과, 기호화된 전제명제와 결론명제에 적당한 진릿값을 배정함으로써 추론의 부당성을 증명하는 방법을 다룬다.

CONTENTS

1

논리와 추론

우리는 주변에서 '논리'라는 말을 자주 듣는다. 역사 발전의 논리 운운하는 소리가 있는가 하면, 시장(市場)의 논리가 학원에 도입되는 것을 개탄하는 소리도 있고, 논리에 닿지 않는 말이나 글을 질책하는 소리도 들린다. 일상어로서 '논리'는 여러 가지 뜻이 있어서 이처럼, 때로는 원리나 법칙을 의미하고, 때로는 이치에 기초한 사고방식을 뜻하며, 또 때로는 짜임새를 가리키기도 한다. 그러나 논리학이 "좋은(올바른) 추론을 나쁜(올바르지 못한) 추론으로부터 구별해내는 데 사용되는 방법 및 원리에 관한 연구"[1]로 정의되는 것을 보면, 학술적 의미의 논리란 올바른 추론을 구별해내는 방법 및 원리라고 말할 수 있을 것이다.

그렇다면 추론은 무엇이고, 또 추론이 좋고 나쁘다는 것은 무슨 말인가? 추론이란 어떤 명제[2]들을 근거로 하여 다른 명제를 이끌어내는 과정이며,[3] 추론이 좋다는 것은 (귀결명제의) 근거로 간주되는 명제들이 (귀결명제에 대한) 올바른 근거라는 것이고, 추론이 나쁘다는 것은 근거로 제시된 명제들이 실제로는 올바른 근거가 아니라는 것이다.

(가)	(나)
모든 사람은 죽는다.	방 청소를 할 때마다 어머니는 내게 돈을 주신다.
소크라테스는 사람이다.	나는 오늘 방 청소를 하지 않았다.
∴ 소크라테스는 죽는다.	∴ 나는 오늘 어머니에게서 돈을 받지 못할 것이다.

---

1) I. M. Copi, *Introduction to Logic* (6th ed.), 3쪽.

2) 명제는 의미를 구분 단위로 하며, 참 또는 거짓으로 판별될 수 있는 직설법의 문장이다. 김보현 역, 『비트겐슈타인』, 38-40쪽 참조.

3) 웨슬리 샐먼은 어떤 믿음(판단)들로부터 다른 믿음(판단)을 이끌어내는 주관적이고 심리적인 사고과정은 추리라고 부르고, 반면에, 어떤 명제들로 다른 명제를 공공연히 뒷받침하는 객관적인 정당화 과정은 논증이라고 불렀다. W. Salmon, *Logic* (2nd ed.), 7-9쪽 참조. 여기서는 덧셈연산을 통해 5와 7로부터 12를 얻듯, (논증에서) 정당화하는 명제들로부터 정당화되는 명제를 이끌어내는 것을 추론이라고 부른다.

위에서 (가)는 근거명제 '모든 사람은 죽는다.'와 '소크라테스는 사람이다.'로부터 귀결명제 '소크라테스는 죽는다.'를 이끌어냈고, (나)는 근거명제 '방 청소를 할 때마다 어머니는 내게 돈을 주신다.'와 '나는 오늘 방 청소를 하지 않았다.'로부터 귀결명제 '나는 오늘 어머니에게서 돈을 받지 못할 것이다'를 이끌어냈다. (가)와 (나)는 모두 근거명제에서 귀결명제가 이끌려 나오는 과정을 보여주는 것으로서 똑같이 추론을 표현한다. 그러나 (가)에서는 근거명제들이 귀결명제의 올바른 근거인 반면, (나)에서는 근거명제들이 귀결명제의 올바른 근거가 되지 못한다. 왜냐하면, 비록 내가 오늘 깜빡 잊고 방 청소를 하지 않았다고 하더라도, 다른 이유로, 예를 들어 학교시험에서 100점을 받았기 때문에 얼마든지 어머니에게서 돈을 받을 수 있을 것이기 때문이다. 그러므로 (가)는 좋은 추론이고, (나)는 나쁜 추론이다.

1. 연역추론과 귀납추론

위에서 언급한 바와 같이 추론은 귀결명제와 그것의 근거가 되는 명제로 이루어지는데, 귀결명제를 추론의 결론이라고 하고, 그것이 근거 되는 명제를 전제라고 한다. 다음 예를 보자.

[추론 1]
① 거미의 다리는 4쌍이다.
② 곤충의 다리는 3쌍이다.
_____
∴ ③ 거미는 곤충이 아니다.

[추론 2]
Ⓐ 이제껏 관찰된 까마귀 100만 마리는 모두 검다.
_____
∴ Ⓑ 모든 까마귀는 검다.

명제 ① '거미의 다리는 4쌍이다.'와 명제 ② '곤충의 다리는 3쌍이다.'로부터 명제 ③ '거미는 곤충이 아니다.'를 이끌어내는 〔추론 1〕에서 전제는 ①과 ②이고 결론은 ③이다. 또한 명제 Ⓐ '이제껏 관찰된 까마귀 100만 마리는 모두 검다.'로부터 명제 Ⓑ '모든 까마귀는 검다.'를 이끌어내는 〔추론 2〕에서 전제는 Ⓐ이고 결론은 Ⓑ이다.

〔추론 1〕과 〔추론 2〕가 모두 좋은 추론이긴 하지만, 전제와 결론 사이의 연결관계는 서로 다르다. 〔추론 1〕에서는 전제가 모두 참이면 결론은 어떠한 경우에도 반드시 참인데, 〔추론 2〕에서는 비록 전제가 참이라고 해도 결론은 참일 개연성만 있지 반드시 참이라고는 할 수 없다. 환언하면, 〔추론 1〕에서 전제, 즉 ①과 ②가 참인데, 결론인 ③이 거짓이 되는 것은 불가능하다. 그러나 〔추론 2〕에서는 전제 Ⓐ가 참이라고 하더라도, 이후에 흰 까마귀가 발견되어 결론은 Ⓑ가 거짓이 될 수 있는 가능성이 얼마든지 있다. 〔추론 1〕처럼 참인 전제로부터는 필연적으로 참인 결론이 도출되는 추론은 연역추론이라고 하고, 〔추론 2〕와 같이 비록 전제가 참이라고 하더라도 결론은 거짓이 될 가능성이 있는 추론은 귀납추론이라고 한다.[4]

연역추론에 대한 평가에는 좋음과 나쁨만 있고, 그 중간의 것은 없다. 좋은 추론은 타당하다(valid)고 하고 나쁜 추론은 부당하다(invalid)고

---

[4] 연역추론과 귀납추론에 대해, 보편적인 전제에서 특수한 결론으로 추론하는 것은 연역추론이고, 거꾸로 특수한 전제에서 보편적인 결론으로 추론하는 것은 귀납추론이라는 설명도 있었으나, 이것은 옳지 못한 설명이다. 예를 들어, 추론 '거미는 다리가 8개이다. 곤충은 다리가 6개이다. 그러므로 어떤 거미도 곤충이 아니다.'는 연역논증이지만 추론의 방향은 보편적 전제에서 보편적 결론으로 향하고, 또 '구소련의 독재자 스탈린은 암살당한 후 후계자 흐루시초프에게 모든 명예를 박탈당했고, 중국의 독재자 마오쩌둥도 사후 그의 부인이 사형을 당하는 수모를 겪었다. 그러므로 북한의 독재자 김정은 역시 아마도 암살당하거나 죽고 나서 그 뒤를 이은 사람에게 그 명예를 빼앗길 것이다.'는 특수한 전제에서 특수한 결론으로 향하는 추론이지만 귀납추론이다. I. M. Copi, *Introduction to Logic* (6th ed.), 51-53쪽 참조.

한다. 한 추론이 타당하면 그것의 전제가 모두 참일 경우 결론이 반드시 참이 된다. 반면에 귀납추론은 개연성에 관계하기 때문에, 전제가 참일 때 결론이 참이 될 수 있는 가능성의 크기에 따라 여러 가지 등급으로 평가될 수 있다. 문제는 그 가능성이 어느 정도 돼야 관심을 가질 가치가 있는가 하는 것인데, 보통 그것이 50% 이상일 때 추론을 좋다고 할 수 있고 강력한(forceful) 추론이라고 부를 수 있다.[5] 요컨대 연역추론은 '타당하다' 또는 '부당하다'로 평가되고, 귀납추론은 '강력하다' 또는 '강력하지 않다'로 평가된다.

---

5) "[P]는 하나 또는 그 이상의 전제들을 나타내고, A는 결론을 나타내기로 하자. 그리고 다음의 논증이 있다고 하자.

[P] …
───────────
C) A

이러한 논증이 귀납적으로 강력하다고 말하는 것은 집합 [P]에 대한 A의 조건적 개연성이 1/2보다는 크지만, 1보다는 작다고 말하는 것이다." T. Bowell and G. Kemp, *Critical Thinking*, 73쪽.

연습문제

1. 다음의 지문들 각각이 추론을 표현하는지 아닌지를 말하라. 그리고 만약 그렇다면, 그것이 (연역추론을 표현한다는 가정하에) 타당한지를 결정하라.

① 그가 그때 기적을 행사했다면 나는 그를 신의 아들로 기꺼이 인정할 수 있을 것이다. 하지만 그는 어떤 기적도 보여주지 못했기에 나는 그를 신의 아들로 인정할 수 없다.

_____

_____

_____

② 기아 타이거즈 팀은 선동렬 전 감독을 신임 감독으로 영입하고 좋은 외국인 투수를 스카우트한다는 조건에서, 내년 시즌에서 우승 내지는 준우승을 할 것이다.

_____

_____

_____

③ 풍랑에 실종된 사람 중에는 서울 사람도 있다는 것은 확실하다. 승선자 전원이 이번 풍랑에 실종되었는데, 승선자 중 일부가 서울 사람이라는 이유에서 그러하다.

_____

_____

_____

2. 다음의 추론이 연역추론인지 귀납추론인지 말하라.

① 다음 타석에 대기 중인 롯데 자이언츠 손아섭 타자는 바뀐 투수인 권혁 선수와의 대결에서 14타수 1안타를 기록 중이며 그 1안타도 내야 안타이다. 이런 기록을 볼 때 지금 손아섭 선수에게서 안타를 기대하기 어렵고 그래서 당연히 다른 선수로 교체해주는 것이 롯데 입장에서는 수순인 것 같다.

_____

_____

_____

② 아킬레스와 거북이의 경주에서 만약 거북이가 먼저 출발한다면 준족의 아킬레스는 느림보 거북이를 결코 추월할 수 없다. 이제 거북이 보다 m배 빠른 아킬레스가 S미터 뒤에서 출발하여 거북이를 따라잡는다고 하자. 아킬레스가 S미터를 달려가서 거북이의 출발점에 오면 그 사이에 거북이는 그 자리에서 S/m미터만큼 전진한다. 아킬레스가 다시 S/m미터를 달려가서 거북이 자리에 오면 그 사이에 거북이는 S/m^2미터만큼 더 나아간다. 이런 과정은 무한히 계속되기 때문에 거북이와 아킬레스의 간격은 점차 가까워지지만 거북이는 아킬레스보다 항상 얼마간은 앞서게 되고 따라서 발 빠른 아킬레스는 굼뜬 거북이를 영원히 추월하지 못한다.

_____

_____

_____

2. 추론의 구성과 방향

앞에서 보았듯, 추론은 어떤 명제가 그 명제를 뒷받침하는 명제들로부터 이끌려 나오는 것인데, 전자의 명제를 추론의 결론이라고 하고, 후자를 전제라고 한다. 그러니까 앞의 〔추론 1〕에서는 명제 ①과 ②가 전제가 되고 명제 ③이 결론이 되며, 〔추론 2〕에서는 명제 Ⓐ가 전제가 되고 명제 Ⓑ가 결론이 된다. 추론은 언제나 전제에서 결론으로 진행되는데, 그 진행 방향은 보통 '→'로 표시된다. 그러므로 〔추론 1〕은 '〔①+②〕→③'로 표시되고, 〔추론 2〕는 'Ⓐ→Ⓑ'로 표시된다.

하나의 추론에 전제는 여러 개 있을 수 있으나 결론은 1개뿐이다. 그러나 한 지문 안에 여러 개의 추론들이 사슬처럼 서로 얽혀 있어서, 어느 한 추론에서 결론인 명제가 다른 추론에서는 전제가 되는 경우도 있다. 다음 지문을 살펴보자.

> 모든 인간에게 있어서 오직 행복이 최고의 선이다. 왜냐하면 행복이란 것만이 모든 인간이 그 본성상 항상 바랄 수 있는 대상이요, 각자에 있어 최고의 선이란 그가 그렇게 (그의 본성상 항상) 바랄 수 있는 대상에 다름 아니기 때문이다. 그렇다면 과연 행복이란 무엇인가? '행복'이란 덕에 일치한 활동으로 이루어진 삶이라고 할 수 있다. 그러므로 모든 인간에게 있어서 최고의 선은 덕에 일치한 활동으로 이루어진 삶이다.

위의 글은 다음의 5개 명제들로 이루어져 있다. ① '모든 인간에게 있어서 오직 행복이 최고의 선이다.' ② '행복이란 것만이 모든 인간이 그 본성상 항상 바라는 대상이다.' ③ '각자에 있어 최고의 선이란 그가 그렇게 (그의 본성상 항상) 바라는 대상에 다름 아니다.' ④ 행복이란 덕에 일치한 활동으로 이루어진 삶이라고 할 수 있다.' ⑤ '모든 인간에게 있어서 최고의 선은 덕에 일치한 활동으로 이루어진 삶이다.' 이 명제들은 사이에는 다음과 같은 이끌려 나옴의 관계, 즉 추론관계가 성립한다.

$$[②+③] → \overline{①}$$
$$+ → ④$$
$$\underline{⑤}$$

3. 명제의 진리성과 추론의 타당성

추론이 타당하기 위해서, 추론에 등장하는 명제들이 반드시 참일 필요도 없고 그 명제들이 거짓이라고 해서 추론이 부당해지는 것도 아니다. 추론의 타당성은 전제와 결론 사이의 관계로 결정되는 것이지 그것들의 진위로 결정되는 것이 아니기 때문이다. 한 예로, 다음의 연역추론 ㄱ을 살펴보자.

ㄱ.
P1) 고래는 포유류이다.
P2) 포유류는 모두 항온동물이다.
———————————————————
C) 고래는 항온 동물이다.

누구든 추론 ㄱ이 타당하다는 것을 쉽게 알 수 있을 것이다. 그러나 추론 ㄱ의 타당성을 확정하는 것과 그 추론의 명제들이 진리임을 인식하는 것과는 아무런 관계가 없다. 설사 고래가 포유류인지도 모르고 항온동물이 무엇인지도 모르는 사람일지라도, 추론 ㄱ의 타당성은 곧 알 수 있을 것이기 때문이다.

심지어 명제들이 모두 거짓일 때조차 그 명제들로 이루어지는 추론은 타당할 수 있는데, 아래의 추론 ㄴ이 그러한 경우이다.

ㄴ.
P1) 서울은 울산의 남쪽에 있다.
P2) 울산은 부산의 남쪽에 있다.

C) 서울은 부산의 남쪽에 있다.

거꾸로, 명제들이 모두 참인데도, 그것들로 구성되는 추론은 타당하지 않을 수도 있다. 아래의 추론 ㄷ이 그런 경우이다.

ㄷ.
P1) 서울대학교 교수들은 모두 대졸 이상의 학력 소지자이다.
P2) 어떤 여자들은 대졸 이상의 학력 소지자이다.

C) 어떤 여자들은 서울대학교 교수이다.

이상의 예에서 보듯 추론의 타당성은, 전제명제들이나 결론명제의 진릿값이 어떠하든 상관없이, 그것들 사이의 관계에 의해서 결정된다. 추론 ㄱ이 타당한 것은 P1), P2)와 C)의 진릿값이 참이기 때문이 아니라, 고래, 포유류, 항온동물의 외연들 사이에 포함관계가 형성되기 때문이다. 또 추론 ㄴ이 타당한 것은 울산이라는 개념을 매개로 전제들이 연결되어 결론을 산출하는 이행관계가 성립하기 때문이다. 마지막으로 추론 ㄷ이 부당한 것은 P1)과 P2)으로부터 C를 따라나오게 하는 관계가 형성되지 않기 때문이다.

3. 다음에 제시되는 추론들이 타당한지 부당한지를 밝히라. 아울러 전제와 결론의 진리성을 검토하라.

① 만약 까마귀가 조류라면 그것은 알을 낳는 동물임에 틀림없는데, 까마귀라면 무엇이든 알을 낳는다. 따라서 까마귀는 조류이다.

_____

_____

_____

② 모든 호랑이는 양서류이고 소크라테스는 호랑이이다. 고로 소크라테스는 양서류이다.

_____

_____

_____

종 합 문 제

다음에 제시된 지문들 각각이 추론을 표현하는지를 우선 결정하라. 그리고 만약 그렇다면 그것의 전제와 결론이 무엇인지를 지시하고 그것이 (연역추론을 표현한다는 가정하에) 타당한지 부당한지를 밝히라.

① 내일 야구 경기는 취소될 거야. 내일 비가 많이 올 것 같으니까.

_____

_____

② 그가 장래에 성공할 것이 분명해 보인다. 그가 앞으로 열심히 일하는 이상 성공할 것인데, 그는 이제껏 그래온 것처럼 열심히 일할 것으로 기대되기 때문이다.

_____

_____

_____

③ 비가 내리고 음악이 흐르면 난 당신을 생각해요.

_____

_____

_____

④ A대학교는 서울에 있다. 따라서 A대학교는 대한민국에 있다고 말할 수 있다.

_____

_____

_____

⑤ 영웅이 될 수 있는 자질을 갖춘 자는 모두 술을 즐기며 잘 마신다. 그가 술을 즐기고 잘 마시는 것으로 보아, 그 역시 영웅이 될 수 있는 자이다.

_____

_____

_____

⑥ 어떤 고통도 진정한 의미에서 '이익'이라고 말할 수 있는 것이 아니다. 그런데 진정한 의미에서 '이익'이라 할 수 있는 모든 것은 그 자체로서 추구해야 할 대상이다. 결국 어떤 고통도 그 자체로서 추구해야 할 대상이 아니다.

_____

_____

_____

⑦ 기아 자동차 근로자들이 파업에 돌입한다면 '모닝'의 생산에 큰 차질이 빚어질 것이다. 그런데 만약 사용자 측의 새로운 제안이 받아들여지지 않는다면 기아 자동차 근로자들은 파업에 돌입할 것이다. 고로 만약 사용자 측의 새로운 제안이 받아들여지지 못한다면 '모닝'의 생산에 큰 차질이 빚어질 것이다.

_____

_____

_____

⑧ 10여 년 전만 하더라도, 우리 사회는 (동성 간의 성적인 관계로서의) '동성애'를 엄격히 금기시하였고 동성애에 관한 논의조차 불경하게 여겼다. 하지만 최근 들어 동성애에 대한 논의는 보다 자유로워졌고, TV 등 대중매체에 동성애라는 화두가 드물지 않게 등장할 정도로 우리 사회는 동성애에 대해 많이 관용적으로 변화했다.

_____

_____

_____

⑨ 모든 지식은 그 자체로서 의미를 지닌다. 따라서 그 자체로서 의미를 지니지 않는 지식이 존재한다는 말은 거짓이다.

_____

_____

_____

⑩ 피의자 오 씨가 범인임에 틀림없다. 만약 그가 범인이라면 지난 번 실시된 거짓말 탐지기 검사에서 양성반응을 보였을 텐데, 그는 지난 거짓말 탐지기 검사에서 실제로 양성반응을 보였다.

_____

_____

_____

2

정언명제와 직접추론

아리스토텔레스로 대표되는 고전논리학은 종종 '정언논리학'이라고 불린다. 정언논리학은 가장 역사가 긴 논리학의 한 분야로서 이른바 정언명제들로만 이루어진 연역추론들을 그 연구대상으로 삼고, 그러한 추론의 타당성을 결정하는 형식적 원리들을 제시한다. 우리는 지금부터 몇 장에 걸쳐 정언논리학의 이론들에 대해 고찰할 것이다. 우선 이 장에서는 정언논리학을 규정하는 명제의 일종인 '정언명제'가 무엇인지를 살펴보고, 정언명제들로 구성되는 직접추론[1])에 관해 알아본다.

1. 정언명제

1) 정언명제의 네 가지 유형

주어의 집합이 술어의 집합에 전체적으로 또는 부분적으로 포함됨을 긍정하거나 부정하는 명제를 정언명제라고 하는데, 그 유형은 A, E, I, O의 네 가지이며 각각의 표준형식은 다음과 같다.

A형) 모든 S는 P이다.
E형) 어떠한 S도 P가 아니다.
I형) 어떤 S는 P이다.

---

1) "전제가 2개인 삼단추론에서처럼, 2개 이상의 전제가 관련되는 곳에서 추론은 간접적이라고 말하는데, 추정컨대 결론이 첫 번째 전제로부터 두 번째 전제의 매개를 통해 이끌려 나와야 하기 때문인 것 같다. [반면에] 결론이 단지 하나의 전제로부터만 이끌려 나오는 곳에는 그러한 매개가 없고, 따라서 추론은 직접적이라고 말한다." I. M. Copi, *Introduction to Logic* (6th ed.), 188쪽.

O형) 어떤 S는 P가 아니다.

A형 명제는 '전칭긍정'(universal affirmative) 명제로서, 집합 S(주어)의 모든 원소들이 집합 P(술어)의 원소들임을 나타낸다. E형 명제는 '전칭부정'(universal negative) 명제로서, 집합 S(주어)의 어떠한 원소도 집합 P(술어)의 원소가 아님을 나타낸다. I형 명제는 '특칭긍정'(particular affirmative) 또는 '존재긍정'(existential affirmative)이라고 불리는 명제로서, 집합 S(주어)의 적어도 한 원소는 집합 P(술어)의 원소임을 나타낸다. 끝으로, O형 명제는 '특칭부정'(particular negative) 또는 '존재부정'(existential negative)이라고 불리는 명제로서, 집합 S(주어)의 원소 1개 이상이 집합 P(술어)의 원소가 아님을 나타낸다.

2) 일상어 명제를 표준형식의 정언명제로 바꾸기

얼핏 보아서는 정언명제로 보이지 않는 많은 일상어 명제들이 사실 정언명제라서 적당히 변형하면 (의미의 변화 없이) 위의 네 가지 표준형식 중 하나에 들어맞는다.

먼저 A형 명제로 바꿀 수 있는 형태의 명제들은 대체로 다음과 같다.

1) (모든) 사람은 이성적이다.
2) (모든) 사람은 이성적 동물이다.
3) 사람은 누구나 이성적이다.
4) 만약 어떤 동물이 사람이라면, 그 동물은 이성적이다.
5) 어떠한 사람도 이성적이지 않을 수 없다.
6) 어떤 사람들이 이성적이지 않다는 것은 거짓이다.
7) 이성적이지 않은 모든 동물들은 사람이 아니다.

E형 명제에 속하는 것들은 대체로 다음과 같은 형태의 명제들이다.

1) 남자는 (모두) 여자가 아니다.
2) 어떤 남자도 여자가 아니다.
3) 남자인 어떤 사람도 여자가 아니다.
4) 단지 비(非)−여자 인간만이 남자이다.
5) 만약 어떤 사람이 남자라면, 그 사람은 여자가 아니다.
6) 모든 남자는 비(非)−여자 인간이다.
7) 어떤 남자가 여자라는 것은 거짓이다.

I형 명제로 변형할 수 있는 명제는 대체로 다음과 같은 형태의 것들이다.

1) 어떤 남자는 용감하다.
2) 어떤 남자는 용감한 사람이다.
3) 남자이면서 용감한 사람들이 있다.
4) 어떤 사람은 남자이면서 용감하다.
5) 용감한 남자가 최소한 1명은 있다.
6) 어떤 남자도 용감하지 않다는 것은 사실이 아니다.
7) 용감한 어떤 사람이 남자이다.

O형 명제로 변형할 수 있는 명제는 대체로 다음과 같은 것들이다.

1) 어떤 남자는 대학생이 아니다.
2) 어떤 남자는 비(非)−대학생이다.
3) 어떤 비(非)−대학생은 남자이다.
4) 모든 남자가 대학생은 아니다.
5) 대학생이 아닌 남자가 있다.
6) 남자이고 비(非)−대학생인 사람이 있다.
7) 어떤 비(非)−대학생은 비(非)−남자가 아니다.

연습문제

1. 다음의 일상어 명제가 네 가지 표준 정언형식 중 어디에 속하는지
말하라.

① 일찍 일어나는 새만이 벌레를 잡는다.

_____

② 성직자라고 해서 모두 신앙심이 깊은 것은 아니다.

_____

③ 그 사람들은 일제의 모진 박해를 받았으나 끝까지 변절하지 않았다.

_____

④ 공공연하게 애국을 떠벌리는 정치가치고 진정한 애국자는 한 명도 없다.

_____

2. 대당사각형

1) 아리스토텔레스의 대당사각형

아리스토텔레스는 앞의 네 가지 유형의 정언명제들 사이에 성립하는 여러 가지 논리적 관계들을 밝혀냈는데, 그것들은 다음과 같은 대당사각형(The Square of Opposition)으로 표현된다.

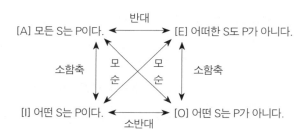

이 사각형에서 대각선으로 서로 마주보는 두 쌍의 명제 형식들(A형과 O형, 그리고 E형과 I형)은 각 쌍 가운데 하나의 명제가 참이면 다른 하나는 반드시 거짓이다. 이처럼 진릿값이 상반되는 한 쌍의 명제를 서로 모순관계에 있는 명제라고 한다. 그러니까 위의 사각형의 대각선은 그것이 연결하는 두 꼭짓점 상의 명제가 모순관계임을 나타낸다.[2]

모두 거짓일 수는 있어도 모두 참일 수는 없는 한 쌍의 명제를 서로 반대관계에 있다고 하는데, 위의 사각형 위쪽 가로선으로 연결되는 A

---

2) A형 명제와 E형 명제는 전칭명제이고, I형 명제와 O형 명제는 그것들로부터 예시되는 특수 명제라는 점에서, A형 및 E형 명제의 I형 및 O형 명제에 관한 관계를 특별히 소함축관계라고 부른다.

형 명제와 E형 명제가 반대관계에 있는 명제들이다. 거꾸로, 둘 다 참일 수는 있어도 둘 다 거짓일 수는 없는 명제 쌍은 서로 소반대관계에 있다고 하는데, 위의 사각형 아래쪽 가로선으로 연결되는 I형 명제와 O형 명제가 소반대관계에 있는 명제들이다.

어떤 명제의 정보나 내용이 다른 명제에 포함되어서, 후자의 명제가 참이면 전자의 명제도 반드시 참이 되는 경우, 후자는 전자를 함축한다거나, 후자는 전자에 대해 함축관계에 있다고 말한다. 위의 대당 사각형의 왼쪽 세로선 상에 놓여 있는 명제 쌍과 오른쪽 세로선 상에 놓여 있는 명제 쌍을 살펴보면, A형 명제는 I형 명제에 대해, 그리고 O형 명제는 E형 명제에 대해 각각 함축관계에 있음을 알 수 있다.

2. 아리스토텔레스의 대당사각형을 이용하여 다음의 물음에 대해 (표준 형식의) 정언명제로 답하라.

① '어떤 해병대원도 겁쟁이가 아니다.'의 소함축 명제는 무엇인가?

_____

_____

_____

② '모든 푸들은 애완견이다.'와 모순관계에 있는 명제는 무엇인가?

_____

_____

_____

③ '어떤 사회주의자는 공산주의를 지지하지 않는다.'를 논리적으로 함축하는 명제는 무엇인가?

_____

_____

_____

④ '어떤 인간은 양심의 가책을 느끼지 못한다.'와 소반대관계에 있는 명제는 무엇인가?

_____

_____

_____

⑤ '지식인들이란 하나같이 따분한 사람들이다.'의 소함축 명제는 무엇인가?

_____

_____

_____

⑥ '적어도 어떤 식물은 음악소리에 반응한다.'를 논리적으로 함축하는 명제는 무엇인가?

_____

_____

_____

⑦ '어떤 로봇도 결코 정서를 체험하지 못한다.'와 반대관계에 있는 명제는 무엇인가?

_____

_____

_____

2) 현대의 대당사각형

현대논리학이 전칭 일반화 명제를 '실질적 조건명제'(material conditionals)로 취급하면서, 정언명제들 사이의 관계들은 아리스토텔레스의 대당사각형과는 다른, 다음과 같은 대당사각형으로 표현된다.[3]

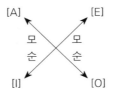

위의 사각형에서 A형 명제를 '모든 인어는 꼬리가 있다.'로 잡으면, 그것은 실질적 조건명제로 취급되어 A′ '만약 어떤 것이 인어라면, 그것은 꼬리가 있다.'로 바뀔 것이다. 그리고 오른쪽의 E형 명제 '인어는 모두 꼬리가 없다.' 역시 실질적 조건명제로 취급되어 E′ '만약 어떤 것이 인어라면, 그것은 꼬리가 없다.'로 바뀔 것이다. 이 경우, A′와 E′의 전건 '어떤 것이 인어이다.'가 거짓이므로 A′와 E′의 진릿값은 똑같이 '참'이 된다. 결국 두 명제 사이의 반대관계는 사라지고 만다.

I형 명제와 O형 명제는 각각 예를 들어, '꼬리가 달린 인어가 있다.'

---

3) A형 정언명제 '모든 S는 P이다.'와 E형 정언명제 '모든 S는 P가 아니다.'가 현대논리학에서 '만약 어떤 것이 S라면 그것은 P이다.'와 '만약 어떤 것이 S라면 그것은 P가 아니다.'의 조건명제로 각각 바뀌면서, 대당사각형의 꼭짓점 사이의 관계에도 변화가 생겼다.
아리스토텔레스의 대당사각형에서 반대, 소반대, 소함축의 논리적 관계들이 성립했던 것은 전칭명제들의 존재함축이 인정됐기 때문이다. 즉, A형 명제와 E형 명제는 모두 S(주어 집합)에 속하는 원소가 적어도 하나 이상 존재한다는 의미를 갖는다고 생각되었던 것이다. 그러나 현대논리학에 와서 전칭명제가 조건명제로 바뀌고 보니 이런 존재함축은 사라지고 따라서 반대, 소반대, 소함축의 관계들도 더 이상 존속할 수 없게 되었다.

와 '꼬리가 없는 인어가 있다.'로 구체화되는데, 이것들의 진릿값은 모두 '거짓'이라, 과거의 소반대관계는 더 이상 존재하지 않는다. A형과 I형 및 E형과 O형 사이에 존재했던 소함축관계 역시 마찬가지로 사라져버린다. 이처럼, 아리스토텔레스의 사각형에서 정언명제 형식들 사이에 존재했던 관계들은 모두 사라지고 사각형의 대각선으로 연결되는 두 꼭짓점 상의 명제들 사이의 모순관계만이 존속된다.

3. 현대적 관점에 따른 대당사각형을 이용하여 다음의 질문에 대해 (표준형식의) 정언명제로 답하라.

① '삶은 비참하다.'가 참이라면 반드시 거짓인 명제는 무엇인가?

_____

_____

_____

② '어떤 것이든 그것이 생명체라면 불멸하지 않는다.'와 모순관계에 있는 명제는 무엇인가?

_____

_____

_____

③ '고독하지 않은 인간은 없다.'와 모순관계에 있는 명제는 무엇인가?

_____

_____

_____

④ '언어를 사용할 줄 아는 동물이 존재한다.'가 거짓이라면 반드시 참인 명제는 무엇인가?

_____

_____

_____

3. 대당사각형 밖의 직접추론들

하나의 전제명제에서 결론명제로 바로 진행되는 연역적 직접추론으로는 소함축 등과 같이 아리스토텔레스의 대당사각형에 표시된 것들 이외에, 환위, 환질, 이환 등이 더 있다.

환위는 명제의 주어 개념과 술어 개념을 서로 바꿈으로써 이루어지는 추론이다. I형 명제 '어떤 S는 P이다.'는 '어떤 P는 S이다.'로 환위된다. 즉 전자에서 후자가 직접 추론된다. 그리고 E형 명제 '모든 S는 P가 아니다.'는 '모든 P는 S가 아니다.'로 환위된다. 그러나 A형 명제와 O형 명제는 주어 개념과 술어 개념을 서로 바꾸면 진릿값도 바뀌기 때문에, 이런 명제들은 진릿값을 유지하면서 환위되지 않는다.[4]

환질은 주어와 술어의 위치는 그대로 두고, 형식만을 변환함으로써, 즉 긍정 형식은 부정 형식으로, 부정 형식은 긍정 형식으로 변환함으로써 이루어지는 추론이다. I형 명제 '어떤 S는 P이다.'는 '어떤 S는 非-P가 아니다.'로 환질되고, O형 명제 '어떤 S는 P가 아니다.'는 '어떤 S는 非-P이다'로 환질된다. A형 명제 '모든 S는 P이다.'는 '모든 S는 非-P가 아니다.'로, E형 명제 '모든 S는 P가 아니다'는 '모든 S는 非-P이다'로 각각 환질된다.

이환은 주어와 술어를 각각의 보개념으로 고치고 그 위치를 서로 바꿈으로써 이루어지는 추론이다. O형 명제 '어떤 S는 P가 아니다.'

---

4) 주어와 술어의 외연이 서로 같은 A형 명제나 주어의 개념과 술어의 개념이 서로 대조적인 O형 명제는 주어와 술어를 서로 바꾸어도 진릿값이 그대로 유지된다. 예를 들면, A형 명제 '자식을 가진 여자는 모두 어머니이다.'는 '어머니는 모두 자식을 가진 여자이다.'로 진릿값을 유지하며 환위되고, O형 명제 '어떤 남자는 여자가 아니다.'도 진릿값의 변동 없이 '어떤 여자는 남자가 아니다.'로 환위된다. 그러므로 A형 명제와 O형 명제는 제한적으로(by limitation) 환위된다고 설명하는 책들도 있다. I. M. Copi, *Introduction to Logic* (6th ed.), 190쪽 참조.

는 '어떤 非-P는 非-S가 아니다'로, A형 명제 '모든 S는 P이다.'는 '모든 非-P는 非-S이다.'로 이환된다. I형 명제는 진릿값을 유지한 채 이환되지 않는다. 또 E형 명제 '모든 S는 P가 아니다.'는 우선 '모든 非-P는 非-S가 아니다.'로 이환된다. 그런데 이 명제는 '어떤 非-P는 非-S가 아니다.'를 함축하므로, 결국 E형 명제 '모든 S는 P가 아니다.'는 명제 '어떤 非-P는 非-S가 아니다.'로 이환된다고 볼 수도 있다.

4. 정언명제의 환위, 환질, 이환 및 직접추리에 관한 다음의 문제들에 답하라.

① '어떤 고래도 물고기가 아니다.'에 대한 환위명제를 써라.

_____

② '어떤 박쥐도 조류가 아니다.'로부터 타당하게 직접 추론할 수 있는 명제들을 세 가지 이상 써라.

_____

③ '어떤 자유주의자는 시장주의자이다.'의 이환명제를 써라.

_____

④ '어떤 법조인은 양심적이지 않다.'를 환질하라.

_____

⑤ '어떤 유리수는 무리수가 아니다.'로부터 타당하게 직접 추론할 수 있는 명제를 두 가지 이상 써라.

_____

⑥ '모든 비공식문서는 부정확하다.'로부터 타당하게 직접 추론할 수 있는 명제를 세 가지 이상 써라.

_____

1. 다음 지문들 각각이 표현하는 직접추론이 타당한지 부당한지 밝히라. 만약 그것이 타당하다면 그 이유를 말하라.

① 권력은 어떤 것이든 부패하기 쉬운 것이기에, 쉽게 부패하지 않는 것은 모두 권력이 아니다.

_____

② 어떤 조류는 독수리가 아니다. 따라서 어떤 독수리는 조류가 아니라고 말할 수 있다.

_____

③ 어떤 흡연자도 암에 걸리지 않을 것이라는 것은 거짓이다. 그러므로 암에 걸릴 흡연자도 존재한다.

_____

④ 어떤 철학자는 논리적이지 않다. 그러므로 어떤 비논리적인 사람은 비철학자가 아니다.

_____

⑤ 모든 사람이 죽는다는 것은 거짓이지. 그러니까 이 세상엔 불멸하는 사람이 적어도 한 명 이상은 있어.

_____

⑥ 어떤 사람도 배고픔을 느끼지 않는다는 말은 잘못되었다. 배고픔을 느끼지 않는 사람은 존재하지 않으니까.

---

⑦ 어떤 인간은 출생의 비밀을 지닌다. 결국 출생의 비밀을 지니는 어떤 것은 인간이다.

---

⑧ 식물인간도 생명권을 지닌다. 그러므로 어떤 식물인간도 생명권을 지니지 않는 존재가 아니다.

---

⑨ 어떤 철학자가 프로 스포츠 경기 관람을 즐긴다는 것은 결코 참일 수 없다. 그러므로 어떤 철학자는 프로 스포츠 경기 관람을 즐기지 않는다.

---

⑩ 어떤 사람도 물질 없이 살 수 있는 존재가 아니기 때문에, 물질 없이 살 수 있는 그 어떤 존재도 사람이 아닌 것이다.

---

⑪ 모든 유물론자는 심신일원론자이다. 고로 유물론자 중에는 심신일원론자도 있다.

---

⑫ 모든 짝퉁 제품은 결함이 있다. 그러므로 어떤 짝퉁 제품도 결함이 없는 것은 아니다.

---

⑬ 어떤 서울 시민은 보수적인 사람이다. 그러므로 어떤 보수적이지 않은 사람은 서울 시민이 아니다.

---

⑭ 어떤 인과관계는 시간차를 두고 발생하는 두 사건 사이에 성립하는 관계가 아니기 때문에, 어떤 인과관계는 시간차를 두고 발생하는 두 사건 사이에 성립하지 않는 관계이다.

---

⑮ 민주당 내에 대북 강경론자가 있다는 것은 거짓이므로, 어떤 민주당원도 대북 강경론자가 아니라고 할 수 있다.

---

⑯ 어떤 인간적인 것은 처벌이 아닌 것이다. 왜냐하면 어떤 처벌은 비인간적이기 때문이다.

---

⑰ 어떤 진돗개는 충성심이 강하지 않다. 따라서 모든 진돗개가 충성심이 강하다는 것은 거짓이다.

---

⑱ 모든 인간적 선택이 원인을 지닌다는 것은 거짓이다. 왜냐하면 어떤 인간적 선택도 원인을 지니지 않기 때문이다.

---

⑲ 어떤 인간은 비합리적이다. 그러므로 어떤 합리적인 존재는 인간이 아니다.

---

⑳ 지식인들 중에 진정한 진보주의자도 있다. 왜냐하면 진정한 진보주의자가 아닌 지식인이 존재한다는 것은 거짓이기 때문이다.

___

2. 정언명제의 조작에 관한 다음의 질문에 답하라.

1) 다음 정언명제들을 환질하라.

① 어떤 책들은 철학서이다.

___

② 모든 칸트의 저서들은 난해한 책들이다.

___

③ 어떤 막걸리도 독주가 아니다.

___

④ 어떤 암은 정복될 수 있는 질병이다.

___

⑤ 어떤 지식은 삶에 유용하지 않은 신념이다.

___

2) 다음 정언명제들 각각의 환위문을 밝히고, 원래의 명제와 그 환위
문이 논리적으로 동치인지를 판단하라.

① 모든 사람은 혼자서는 살 수 없는 존재이다.

_____

② 어떤 의사는 환자에게 헌신하는 자이다.

_____

③ 어떤 사업가도 경제적 이익에 무관심한 사람이 아니다.

_____

④ 어떤 기업주는 공동체의 이익을 고려하는 사람이 아니다.

_____

⑤ 어떤 국회의원은 파렴치한이다.

_____

3) 다음 정언명제들 각각의 이환문을 말하고 원래의 명제와 그 이환
문이 논리적인 동치인지를 밝히라.

① 모든 종교인은 비폭력적인 이상주의자이다.

_____

② 어떤 교육받지 못한 자들도 CEO가 될 자격이 있는 사람들이 아니다.

_____

③ 어떤 낙태 시술도 정당화될 수 있는 의료행위가 아니다.

_____

④ 어떤 철학자는 관념론자가 아니다.

_____

⑤ 어떤 수도권 대학 졸업생은 비취업자이다.

_____

3

정언삼단추론과 개념의 주연 및 부주연

정언삼단추론은 전장에서 논의한 직접추론과 더불어 아리스토텔레스 고전논리학의 주된 연구 주제였다.[1] 이 장에서는 '주연' 및 '부주연'의 개념을 설명하고, 그 개념을 사용하여 정언삼단추론의 타당성 여부를 결정하는 방법을 소개한다.

1. 정언삼단추론

정언삼단추론은 3개의 정언명제들로 구성된 추론인데 그 가운데 2개는 전제이고 나머지 1개는 결론이다. 하나의 명제는 주어와 술어의 두 개념으로 이루어졌으나 각 개념은 한 번씩 중복되므로 이 추론에 등장하는 개념은 모두 3개뿐이다. 그것들은 결론의 주어인 소개념과 결론의 술어인 대개념, 그리고 결론에는 나타나지 않지만 전제에서는 두 번 나타나는 매개념이다. 또 전제명제들 중에서 대개념을 포함하는 것은 대전제, 소개념을 포함하는 것은 소전제라고 부른다.[2]

(가)
(모든) 돌고래는 고래이다.
(모든) 고래는 포유동물이다.

_____
∴ (모든) 돌고래는 포유동물이다.

(나)
(모든) 고래는 물고기가 아니다.
(모든) 돌고래는 고래이다.

_____
∴ (모든) 돌고래는 물고기가 아니다.

---

1) "아리스토텔레스 논리의 [직접 추론을 제외한] 나머지 부분은 매개념을 통한 연역추론법인 삼단추론법이다." A. D. Ritchie, "A Defence of Aristotle's Logic", in *Mind* 55 (1946), 257쪽.

2) I. M. Copi, *Introduction to Logic* (6th ed.), 210-211쪽 참조.

(다)
(모든) 돌고래는 고래이다.
어떤 돌고래는 참돌고래이다.
─────────────────────
∴ 어떤 참돌고래는 고래이다.

(라)
(모든) 돌고래는 고래이다.
어떤 동물은 고래가 아니다.
─────────────────────
∴ 어떤 동물은 돌고래가 아니다.

위의 정언삼단추론 (가)에서 대개념은 '포유동물'이고, 소개념은 '돌고래'이며, 매개념은 '고래'이다. 또 대전제는 '(모든) 고래는 포유동물이다.'이고, 소전제는 '(모든) 돌고래는 고래이다.'이다. 마찬가지로, (나), (다), (라)에서 대개념은 각각 '물고기', '고래', '돌고래'이고, 소개념은 '돌고래', '참돌고래', '동물'이며, 매개념은 '고래', '돌고래', '고래'이다.

연습문제

1. 다음에 제시되는 일상어로 표현된 정언삼단추론을 표준형식으로 재구성하라.

어떤 개별 행위이든지 다른 모든 가능한 행위들과 비교할 때 공익을 극대화한다면 그것은 최선의 결과를 초래하는 행위라고 할 수 있다. 하지만 진정한 의미에서 '공익'이란 무엇인가? 그것은 곧 공공의 행복, 혹은 사회적 행복과 다르지 않기에, 최대의 공공의 행복을 초래하는 행위는 공익을 극대화하는 행위이다. 고로, 공공의 행복을 극대화하는 행위가 그 주어진 상황에서 최선의 결과를 초래하는 것이다.

_____

_____

_____

_____

2. 다음의 정언삼단추론에서 매개념과 대전제는 무엇인가?

① 소는 포유동물이다. 그런데 어떤 말도 소가 아니다. 그러므로 말은 모두 포유동물이 아니다.

_____

_____

② 금융업자 중엔 냉혈한들도 있다. 모든 대부업자는 금융업자라 할 수 있고 어떤 대부업자들은 냉혈한이기 때문이다.

_____

_____

2. 주연과 부주연

어떤 정언명제 속에 나타난 개념은 만일 그 진술이 그 개념 집합의 모든 원소 하나하나에 대해서 어떤 점을 언급하고 있으면, 그 정언명제 속에서 주연되어 있다고 하고,[3] 만일 그 진술이 그 개념 집합의 일부 원소들에 대해서만 어떤 점을 언급하고 있으면, 부주연되어 있다고(주연되어 있지 않다고) 한다. 예를 들어, 정언명제 '(모든) 고래는 포유동물이다.'는 개념 '고래'에 속하는 개체 모두에 대해서 (죽는다고) 진술하지만, 개념 '포유동물'의 적용을 받는 개체들 가운데 일부, 즉 고래들에 대해서만 진술한다. 그러므로 이 정언명제에서 개념 '고래'는 주연되었으나, '포유동물'은 부주연되었다. 그런데 이러한 사정은 이 명제에서뿐 아니라 모든 A형 정언명제에서 똑같으므로, 일반적으로 A형 정언명제에서 주어는 주연되고 술어는 부주연되었다고 말할 수 있다.

I형 정언명제, 예를 들어 '어떤 돌고래는 참돌고래이다.'에서 주어와 술어가 모두 부주연이라는 것은 쉽게 알 수 있다. 그리고 '(모든) 고래는 물고기가 아니다.'와 같은 E형 명제에서는 주어가 주연이고, '어떤 동물은 고래가 아니다.'와 같은 O형 명제에서는 부주연이라는 것도 분명하다. 그러나 그것들의 술어가 주연인지 부주연인지는 곧바로 쉽게 알 수 있을 정도로 간단하지 않다. 얼핏, 이 O형 명제는 일부 고래에 대해서만 언급하는 것 같고 따라서 술어 '고래'는 부주연된 것처럼 보인다. 그러나 이 명제는 '어떤 것이 동물이라면, 그것은 고래 1도 아니고, 고래 2도 아니고, 고래 3도 아니고, ……. 고래 n(n은 존재하는 모

---

3) "명제는 그것이 어떤 용어가 가리키는 집합의 모든 성원들에 대해 언급하면 그 용어를 주연되게 한다." 같은 책, 183쪽.

든 고래의 숫자이다)도 아니다.'를 의미하므로 결국 모든 고래에 대해 진술한 것이고, 따라서 술어 '고래'는 주연되었다고 볼 수 있다. 마찬가지로, E형 명제에서도 술어는 주연된다.

3. 〈보기〉는 앞의 추론 (가)를 기호화한 것이다. 이와 같은 방식으로 다음의 두 정언삼단추론을 기호화하라.(S, P, M은 각각 결론의 주어, 결론의 술어, 매개념을 각각 나타내며, 아래첨자 d와 u는 주연과 부주연을 각각 나타낸다.)

〈보기〉

$S_d \ A \ M_u$

$M_d \ A \ P_u$

∴ $S_d \ A \ P_u$

① 어떤 철학자는 수학자이다. 따라서 어떤 논리학자는 철학자이다. 왜냐하면 논리학자는 모두 수학자이기 때문이다.

_____

_____

② 어떤 좌파는 성개방적이고, 공산주의자라면 누구나 좌파라 할 수 있다. 그렇기 때문에 어떤 공산주의자는 성개방적이다.

_____

_____

3. 개념의 주연 및 부주연을 이용한 정언삼단추론의 타당성 검토

정언명제는 주어의 집합과 술어의 집합 사이의 전체적 또는 부분적 포함관계의 성립 여부를 단정하는 명제이고, 정언삼단추론은 2개의 정언명제를 양쪽에 공통된 개념으로 연결하여 역시 정언명제인 결론을 끌어내는 추론이다. 그러므로 정언삼단추론에서는 명제가 그것이 포함하고 있는 용어의 외연 전부에 대해 무언가를 주장하고 있는지 또는 그렇지 않은지에 따라, 즉 명제에 포함된 용어가 주연되었는지 또는 부주연되었는지에 따라 전제에서 결론이 바르게 이끌려 나올 수도 있고 그렇지 않을 수도 있다.

그러므로 주연 또는 부주연의 개념은 타당한 정언삼단추론과 부당한 정언삼단추론을 구별하는 기준을 만드는 데 이용된다. 이 개념에 근거한 타당성의 기준은 아래의 세 가지 규칙들로 요약된다. 정언삼단추론이 타당하려면 이 세 규칙을 모두 만족해야 하며, 이것들 가운데 어느 하나라도 위반하는 추론은 부당하다.

> I. 매개념은 한 번 이상 주연되어야 한다.
> II. 대개념과 소개념은 한 번만 주연되어서는 안 된다.
> III. 부정전제의 수와 부정결론의 수는 같아야 한다.[4]

앞의 연습문제 〈보기〉에 제시된 정언삼단추론은 매개념이 대전제에서 단 한 번 주연됨으로써 규칙 I을 만족한다. 또 대개념은 한 번도

---

4) W. C. Salmon, *Logic* (2nd ed.), 53쪽.

주연되지 않았고 소개념은 두 번 다 주연됨으로써 규칙 II 역시 만족된다. 마지막으로, 부정형의 전제명제는 하나도 없고 부정형의 결론명제 역시 하나도 없으니 규칙 III까지 만족되고, 결국 이 추론은 타당하다.

4. 주연 및 부주연의 개념(주연과 부주연에 대한 추론규칙)을 이용하여 다음에 제시되는 정언삼단추론의 타당성을 검토하라.

① 고래는 물고기가 아니다. 그런데 돌고래는 고래이다. 그러므로 돌고래는 물고기가 아니다.

_____

_____

② 돌고래는 모두 고래이다. 물론 고래가 아닌 동물도 있다. 그러므로 어떤 동물은 돌고래가 아니다.

_____

_____

③ 모든 민주주의자는 사회주의자이다. 사회주의자라면 반드시 노동자를 옹호하는데, 노동자를 옹호하지 않는 민주주의자는 없으니까.

_____

_____

④ 낙태행위는 어떤 경우에든 살인행위이며 어떤 형태의 살인도 옳지 않기에, 어떤 낙태행위도 옳지 않다.

_____

_____

다음에 제시되는 지문들이 표현하는 정언삼단추론들을 표준형식으로
재구성하고 기호화하라. 아울러 주연/부주연에 대한 추론규칙에 입각
하여 그것의 타당성을 평가하라.

① 모든 말은 생물이며 말이라면 어떤 것이든 네 발 달린 짐승이다. 그러므로 모든
네 발 달린 짐승은 생물이다.

_____

_____

② 어떤 기독교인도 유교적인 사람이 아니다. 그리고 어떤 한국인은 기독교인이다.
결국 어떤 한국인은 유교적이지 않다.

_____

_____

③ 초식성을 지니는 동물 중엔 사나운 것도 있다. 모든 사나운 동물은 맹수라고 할
수 있다. 그러므로 어떤 맹수는 초식성 동물이 아니다.

_____

_____

④ 모든 오리너구리는 포유류이고 개미핥기도 포유동물이다. 고로 모든 개미핥기
는 오리너구리가 아니다.

_____

_____

⑤ 중화주의자는 곧 국수주의자이다. 그런데 어떤 중국인은 중화주의자이므로, 어떤 중국인은 국수주의자임이 분명하다.

_____

_____

⑥ 불교도인 새누리당원이 있으며 새누리당 당원들은 누구나 좌파라고 볼 수 없다. 그러므로 좌파가 아닌 불교도는 존재한다.

_____

_____

⑦ 성인들 중에도 게임중독자가 있다. 왜냐하면 어떤 회사원은 분명 게임중독자로 볼 수 있는데 모든 회사원은 성인이기 때문이다.

_____

_____

⑧ 모든 이구아나는 파충류이고 어떤 성성이는 파충류가 아니다. 그러므로 어떤 성성이는 이구아나가 아니다.

_____

_____

⑨ 모든 육식동물은 사납다. 그런데 호랑이는 육식동물이므로, 적어도 어떤 호랑이는 사납다.

_____

_____

⑩ 어떤 원숭이도 '자율적인 존재'라고 간주할 수 없다. 하지만 인간이란 무엇인가? 그것은 본질적으로 자율적인 존재이지 않은가? 결국 어떤 인간도 원숭이가 아니다.

_____

_____

⑪ 마음의 양식이 아닌 책도 존재한다. 그런데 책은 일종의 문화상품이다. 그러므로 어떤 문화상품은 마음의 양식이 아니다.

_____

_____

⑫ 어떠한 사과도 쓰지 않다. 어떠한 밀감은 사과가 아니다. 그렇기 때문에 밀감 중엔 쓰지 않은 것도 있다.

_____

_____

⑬ 모든 컴퓨터는 편리하지만 편리하지 않은 기계가 존재하므로, 어떤 기계는 컴퓨터가 아니다.

_____

_____

⑭ 어떤 인종주의자도 정당하지 않다. 그런데 나치주의자라면 누구나 인종주의자임이 분명하다. 따라서 나치주의자는 모두 정당한 사람이 아니다.

_____

_____

⑮ FTA에 반대하는 어떤 사람은 자영업자이다. 모든 자영업자는 기득권자이다. 고로 어떤 기득권자는 FTA에 반대하지 않는다.

_____

_____

⑯ 어떤 개인적 행위(의지)의 준칙이든지 간에 그것이 '보편화 가능'하다면 그것은 보편적으로 타당하다. 그런데 진정한 의미에서 '보편화 가능한' 행위준칙은 존재한다. 따라서 어떤 행위의 준칙은 보편적으로 타당하다.

_____

_____

_____

⑰ 공공의 선을 극대화하는 행위 중에는 옳지 못한 행위도 있다. 무고한 자의 생명을 빼앗는 어떤 행위도 옳지 못하다는 것은 자명한 윤리적 진리인데, (예외적이긴 할지라도) 무고한 생명을 해치는 어떤 행동이 공공의 선을 극대화한다.

_____

_____

_____

⑱ 대한민국 국민이라면 누구든지 대한민국 국토방위의 의무를 지닌다. 하지만 어떤 해외 이민자들은 엄밀히 말해 대한민국 국민이 아니다. 그렇기 때문에, 대한민국 국방의 의무를 갖지 않는 해외 이민자가 존재한다.

_____

_____

_____

⑲ 어떤 독거미는 곤충이 아니며 모든 독거미는 거미이다. 그래서 당연히, 거미는 곤충이 아니다.

_____

_____

_____

⑳ 진정한 예술가의 본질은 무엇인가? 누군가가 진정한 예술가라면 그는 필연적으로 돈에 무관심하다. 하지만 이른바 '대중 음악가'들 중 다수는 돈에 무관심하지 않으며 그 반대로 그것에 혈안이 되어 있다. 따라서 어떤 대중 음악가는 진정한 예술가가 아니다.

_____

_____

4

벤다이어그램과
정언추론의 타당성

벤다이어그램은 원래, 부분집합, 합집합, 공통집합 등으로 표시되는 집합 사이의 관계를 설명하기 위하여 고안된 도식이다. 정언추론 역시 전제명제 및 결론명제의 주어와 술어 사이의 포함, 교차, 단절 등의 관계에 근거하여 이루어지므로 벤다이어그램은, 두 가지만 미리 약속하면, 정언명제를 표현하고 또 그것들로 이루지는 정언추론의 타당성을 검토하는 훌륭한 도구가 될 수 있다.

1. 벤다이어그램과 정언진술

벤다이어그램으로 정언명제와 정언추론을 표현하기 위한 첫 번째 약속은 A형 명제와 E형 명제 같은 전칭명제는 '~는 없다'의 형태로 바꿔 쓰고, '~'를 나타내는 부분을 가로줄 (또는 세로줄)로 표시한다는 것이다.[1] 예를 들어, A형 명제, '고래는 포유동물이다.'는 '포유동물이 아닌 고래는 없다.'로 바뀌며, 벤다이어그램에서 가로줄로 표시될 부분은 '포유동물이 아닌 고래'이다.

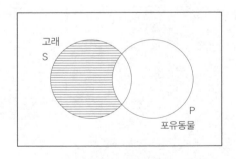

---

1) "한 집합이 원소가 없다는 것을 주장하려고 한다면 다이어그램에서 그 집합을 나타내는 영역에 줄을 그음으로써 그렇게 할 수 있다." W. C. Salmon, *Logic* (2nd ed.), 61쪽.

또, E형 명제, '고래는 물고기가 아니다.'는 '고래인 물고기는 없다.'로 바뀌며, 벤다이어그램에서 가로줄로 표시될 부분은 '물고기인 고래'이다.

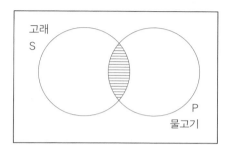

두 번째 약속은 I형 명제와 O형 명제 같은 특칭(존재)명제는 '~가(이) 있다'의 형태로 바꿔 쓰고, '~'를 나타내는 부분을 ×표로 표시한다는 것이다.[2] 예를 들어, I형 명제, '어떤 돌고래는 참돌고래이다.'는 '참돌고래인 돌고래가 있다.'로 바뀌며, 벤다이어그램에서 ×표로 표시될 부분은 '참돌고래인 돌고래'이다.

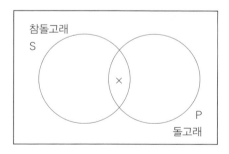

---

2) "한 영역이 원소를 갖는 한 집합을 나타낸다고 주장하기 위해서는 그 영역 안에 ×표를 한다." 같은 책, 62쪽.

또, O형 명제, '어떤 동물은 고래가 아니다.'는 '고래가 아닌 동물이
있다.'로 바뀌며, 벤다이어그램에서 ×표로 표시될 부분은 '고래가 아
닌 동물'이다.

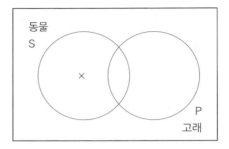

1. 벤다이어그램을 사용하여 다음의 정언명제들을 표현하라.

① 정서를 지닌 로봇은 존재하지 않는다.

② 경기도민 중엔 대한민국 사람이 아닌 사람은 없다.

③ 어떤 프랑스인은 로맨티스트가 아니다.

④ 독일인 중엔 여전히 반유대주의자가 있다.

⑤ 흉악한 범죄를 저지르는 청소년도 존재한다.

2. 벤다이어그램을 이용한 정언추론의 타당성 검토

타당한 연역추론에서 결론의 내용은 언제나 전제 안에 들어 있기 마련이다. 예를 들어, 소크라테스의 가멸성을 추론하는 삼단추론에서 소크라테스는 죽는다는 결론의 내용은 사람은 누구나 죽는데 소크라테스는 사람이라는 전제 속에 이미 들어 있다. 타당한 논증의 이러한 성질을 이용하면 벤다이어그램으로 논증의 타당성을 증명할 수 있다. 그 방법은 위에서 약속한 방식으로 전제와 결론의 진술을 벤다이어그램으로 표현한 후 결론의 표현이 전제의 표현에 포함되는지를 보여주는 것이다.

전장의 정언삼단추론 (가)에서 전제는 벤다이어그램으로 아래와 같이 표현된다.

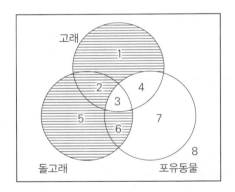

소전제, '(모든) 돌고래는 고래이다.'는 영역 5와 6의 가로줄로, 그리고 대전제 '(모든) 고래는 포유동물이다.'는 영역 1과 2의 가로줄로 각각 표시된다.

여기에 결론을 추가로 표현해 넣으면 그림은 다음과 같아진다.

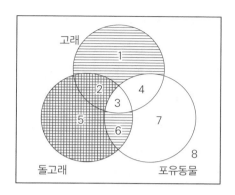

  결론, '(모든) 돌고래는 포유동물이다.'는 영역 5와 2의 가로줄로 표시할 것이나, 이 영역들은 전제들을 표현할 때 이미 가로줄을 사용하였으므로, 이번에는 세로줄로 표시한다. 그림에서 보듯이, 세로줄로 표시된 결론의 내용이 가로줄로 표시된 전제에 포함되어 겹치므로, 이 추론은 타당하다.

  전장의 정언삼단추론 (다)는 벤다이어그램으로 아래와 같이 표현된다.

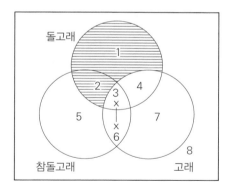

  먼저 대전제, '(모든) 돌고래는 고래이다.'는 영역 1과 2의 가로줄로 표현한다. 다음으로 소전제, '어떤 돌고래는 참돌고래이다.'는 영역

2 또는 3에 ×표를 하여 표현할 것이나, 영역 2는 대전제를 표현할 때 이미 없다고 표시되었으므로, 남은 영역 3에 ×표를 찍어서 표현한다. 끝으로, 결론은 영역 3 또는 6에, 역시 ×표를 찍어서 표현한다.

이 추론 전제의 진술은 영역 3에 속하는 어떤 것이 있다는 것이고, 결론의 진술은 영역 3 또는 6에 속하는 어떤 것이 있다는 것이다. 그런데 어떤 존재가 외연이 작은 개념에 속한다는 진술과 외연이 보다 큰 개념에 속한다는 진술 사이의 함축관계에서, 전자는 후자를 함축하고 후자는 전자에 함축된다. 이것은 진술 '소크라테스는 사람이다.' 가 진술 '소크라테스는 동물이다.'를 함축하는 것만 보아도 잘 알 수 있다. 결국 위의 추론은, 결론의 진술이 전제의 진술에 함축됨으로써, 타당한 추론이 된다.

2. 벤다이어그램을 이용하여 다음 정언삼단추론의 타당성을 검토하라.

① 고래는 물고기가 아니다. 그리고 돌고래는 고래이다. 그러므로 돌고래는 물고기가 아니다.

② 돌고래는 고래이다. 그러나 고래가 아닌 동물도 있다. 그러므로 어떤 동물은 돌고래가 아니다.

③ 어떤 서울시민은 성실하지 않다. 어떤 서울시민은 한국인인데, 어떤 한국인은 성실하지 않기 때문이다.

④ 어떤 시장개방주의자는 좌파이다. 왜냐하면 신자유주의자라면 누구나 시장개방주의자인데, 어떤 신자유주의자는 좌파라고 볼 수 있기 때문이다.

⑤ 건전한 상식을 가진 사람은 누구도 극우파가 아닐진대, 이번 선거에서 프랑스인 중에서도 극우파가 적지 않음이 사실로 밝혀졌다. 그러므로 프랑스인들 중에서도 상식이 없는 사람이 있다.

다음에 제시되는 지문들이 표현하는 정언삼단추론 각각을 표준형식으로 재구성하고 벤다이어그램을 통해 그것의 타당성을 검토하라.

① 모든 공학인은 예술가가 아니다. 왜냐면 어떤 공학인도 풍부한 감성의 소유자라 할 수 없으며, 예술가라면 누구나 풍부한 감성의 소유자이기 때문이다.

② 적어도 어떤 호랑이는 풀을 먹지 않는다. 맹수 중엔 호랑이도 있고 풀을 먹는 그 어떤 동물도 맹수가 아니니까.

③ 개는 지능이 높기에 지능이 높은 치와와가 있다는 것은 틀림없다. 모든 치와와는 개이기 때문이다.

④ 공공의 이익을 증대시키는 거짓말도 있다. 하지만 거짓말은 어떤 경우에도 정당화될 수 없다. 따라서 공공의 이익을 증대시키더라도 정당화될 수 없는 행위가 존재한다.

⑤ 농구선수 중엔 덩크슛을 할 수 없는 사람도 있으며, 모든 농구선수는 느리지 않다. 그래서 덩크슛을 할 수 있는 어떤 사람은 느리지 않다.

⑥ 적극적 안락사의 의료행위는 윤리적으로 결코 용납될 수 없다. 그러한 '의료행위'도 엄연히 사람을 죽이는 행위, 즉 '살인행위'라고 할 수 있고, 어떤 살인행위도 용납할 수 없음은 당연하다.

⑦ 사회지도층 인사들 중엔 철저히 비양심적인 사람들도 있다. 왜냐하면 심리학자들에 따르면 (소수이지만) 싸이코패스들 중 일부는 사회지도층 인사이고, 모든 싸이코패스는 전혀 양심의 가책을 느끼지 못하는, 철저하게 비양심적인 인간이기 때문이다.

⑧ 4대강 사업에 찬성하는 모든 사람들은 현 정부를 지지하는 사람들이다. 어떤 민주당원도 현 정부에 대한 지지자가 아니다. 그러므로 민주당원이라면 누구도 4대강 사업에 찬성하지 않는다.

⑨ 우리나라 소설가 중 일부는 진정한 예술가라고 할 수 없다. 진정한 예술가는 본성상 권력에 무관심한 자인데, 많은 우리나라 소설가들은 권력에 무관심하지 않고 오히려 그것에 연연한다.

⑩ 어떤 자유인은 정치인이며, 권력을 갈망하는 어떤 자도 자유인이 아닌 까닭에, 모든 정치인은 권력을 갈망한다고 할 수 있다.

⑪ 어떤 개인의 행위의 준칙이 '보편화 가능'하다면, 그것은 선한 의지, 즉 선의지라고 할 수 있다. 그런데 무수한 행위준칙들 중에는 보편화 가능한 것도 존재하므로, 선의지라 할 수 있는 행위준칙이 존재한다.

⑫ 무엇이 최고선인가? 최고선은 바로 행복(한 삶)이다. 그런데 덕에 일치한 활동들로 이루어진 삶이 행복(한 삶)이므로 덕에 일치한 활동들로 이루어진 삶이 최고선이라 할 수 있다.

⑬ 북한체제를 옹호하는 어떤 사람도 결코 진보적이라고 할 수 없다. 그런데 민노당원 중에는 분명 북한체제를 옹호하는 사람들이 있다. 그러므로 적어도 어떤 민노당원은 결코 진보적이지 않다.

⑭ 권력을 지닌 자라면 누구나 정신적으로 강인하다. 동시에 어떤 것이든 정신적으로 강인하다면 그것은 신체적으로도 강인하다. 그러므로 신체적으로 강인한 모든 존재는 권력자이다.

⑮ 이번 사고로 부상을 당한 사람들 중엔 어린아이도 있는 것이 확실하다. 버스에 탑승했던 모든 사람들이 이번 사고로 중경상을 당했는데, 버스 탑승자 중엔 어린아이도 있었다는 것이 확인되었다.

⑯ 기성도덕에 회의적인 공산주의자도 있다. 어떤 좌파는 도덕에 회의적이며 공산주의자는 한결같이 좌파이기 때문이다.

⑰ 어떤 인간의 선택도 타자에 의해 결정되지 않는다. 왜냐하면 타자에 의해 결정되는 것은 결국 인과법칙에 종속되는 것인데, 모든 인간의 선택은 인과법칙으로부터 자유롭기 때문이다.

⑱ 사회정의를 표방하는 자들 중엔 순수하지 않은 사람도 있다. 정치인이라면 누구나 사회정의를 표방하지만, 어떤 정치인은 순수하지 않다.

⑲ 어떤 유신론자도 유물론자가 아니고 모든 유물론자는 심신일원론자인 까닭에, 어떤 심신일원론자도 유신론자가 아니다.

⑳ 계산에 능하지 않은 자영업자는 없다. 그런데 계산에 능한 어떤 사람은 이타적이지 않다. 바로 이러한 이유에서 어떤 자영업자는 이타적이다.

5

무관성의 오류 I:
감정이나 욕구에 의해
오도되는 추론

일상적으로 '오류(誤謬)'는 상식을 벗어난 잘못이나 실수를 이르는 말이다. 그러나 논리학적으로 그것은 추론 또는 논증을 할 때 범하는 어떤 실수나 반칙을 의미한다. 추론자는 잘못된 지식이나 믿음을 가졌거나 올바른 추론능력의 부족으로 자신도 모르게 오류를 범하기도 하고, 또 논증자는 자신이 원하는 방향으로 다른 사람을 설득하거나 속이기 위해 고의로 오류를 범하기도 한다. 그러나 어떤 경우든, 오류는 추론이나 논증에서 전제가 결론의 온당한 근거가 되지 못함을 의미한다. 환언하면, 오류의 본질은 한 추론(이나 논증)의 주어진 전제들이 결론을 정당화해주지 못하는 데에 있다.[1]

오류는 형식적 오류(formal fallacy)와 비형식적 오류(informal fallacy)로 구분된다. 형식적 오류는 추론이나 오류를 구성하는 명제들의 내용과는 관계없이 추론의 형식에 잘못이 있는 것으로서, 연역추론이나 논증에 적용되는 오류이다. 아래의 추론 (가)를 살펴보자.

(가)
① (모든) 늑대는 척추동물이다.
② (모든) 개는 척추동물이다.
―――――――――――――
∴ ③ (모든) 개는 늑대이다.

(가′)
①′ (모든) A는 B이다.
②′ (모든) C는 B이다.
―――――――――――――
∴ ③′ (모든) C는 A이다.

위의 추론 (가)는 명제 ①, ②, ③에 등장하는 '개', '늑대', '척추동물'이 다른 어떤 개념으로 바뀌어도 마찬가지로 부당하다. 그것의 부당성은 명제 ①, ②, ③의 내용이 아니라, 추론형식에 기인한 것이기 때문이다. (가′)의 형식을 지닌 추론들은 내용에 상관없이 모두 부당

―――――――――

1) T. Bowell and G. Kemp, *Critical Thinking*, 109-110쪽 참조.

하다는 점에서 (가)는 형식적 오류를 범했다고 말할 수 있다.

이와 달리, 형식이 아니라 내용상의 잘못으로 범하는 오류는 비형식적 오류라고 한다. 내용상의 문제는 전제와 결론이 의미상 서로 무관하거나, 추론을 구성하는 명제 안의 단어나 어귀의 의미가 명확하지 못하고 애매하거나, 또는 전제가 결론을 (증명하지 않고) 가정하기 때문에 발생한다. 첫 번째 경우를 무관성의 오류라고 부르고, 두 번째 오류는 애매성의 오류라고 말하며, 마지막을 가정의 오류라고 한다.

앞서 말했듯이, 무관성의 오류는 추론자가 결론을 그것과 의미상 무관한 전제로부터 이끌어낼 때 발생한다. 그리고 많은 경우, 욕구나 감정은 추론자로 하여금 알게 모르게 부적당한 전제에서 결론을 이끌어내게 하는 것이다. 우리는 감정이나 욕구의 비이성적 힘에 무의식적으로 이끌리거나 또는 그것을 고의적으로 이용하여, 자신이 원하는 결론을 그것과 내용상을 무관한 전제들로부터 도출하는 오류를 감정이나 욕구에 의해 오도되는 추론이라고 부를 것이다. 이런 추론의 종류는 다음과 같다.

1. 힘에 호소하는 오류

힘에 호소하는 오류는 흔히 논증자가 어떤 위협적인 힘으로 심리적인 불안감, 압박감, 공포감 등을 조성하고 그 두려움을 이용하여 전제로부터 그것과 무관한 결론을 도출하도록 상대를 유도 또는 강요할 때 범하게 된다. 실재론자가 관념론에 반대하여 다음과 같이 주장한다고 하자.

나도 물질적 실재조차 의심하는 극단주의자들이 있다는 것을 잘 알고 있다. 그러나 그들이 얼마간의 이성이라도 있는 사람들이라면, 우리 마음속 관념의 원인으로서 외부에 물질적 대상이 존재한다는 이 자명한 사실을 도대체 어떻게 부정할 수 있단 말인가! 나의 독자들은 그들과 달리, 최소한의 이성은 있다고 확신한다.

이 글에서 논자는 물질적 실재의 존재는 의심할 수 없는 정당한 원리라는 결론을 내리고, 만약 독자들이 그것을 받아들이지 않으면, 최소한의 이성도 없는 사람으로 간주될 것이라고 협박하여 공포심을 조장하고 독자가 두려움을 느껴 자신의 결론을 수용할 것을 기대한다. 그는 결론을 합당한 전제에서 이끌어내지 못하고 독자들의 두려움을 이용하여 그들이 자신과 같은 결론을 내리도록 한다는 점에서, 힘에 호소하는 오류를 범한 것이 된다.

1. 다음의 추론이 어떤 오류를 범하고 있는지 설명하라.

① 우리 담임이 좋은 선생이라고? 넌 어떻게 그런 생각을 할 수가 있지? 네가 계속 그렇게 생각하면 난 우리 반 애들한테 다 말해버릴 거야. 그러면 넌 아마 바보 취급을 당하거나 왕따가 될 걸.

_____

_____

_____

② 너는 나의 능력을 인정해야 해. 계속 내가 능력이 부족하다고 생각해 봐, 너만 손해지. 나는 너를 다신 안 만날 거야.

_____

_____

_____

2. 연민에 호소하는 오류

　동정심에 이끌려 부적당한 전제에서 결론을 도출할 때 범하게 되는 오류가 연민에 호소하는 오류이다. 여러 가지 어려운 형편을 처량하게 주워섬긴 다음, 그렇기 때문에 봉급 인상이 불가피하다고 주장하는 경우가 이런 오류를 범하는 대표적인 사례일 것이다. 형편이 어려우니, 인정상 봉급을 올려주면 좋겠지만, 논리적으로만 보면 어려운 형편은 봉급인상과 무관하다.

2. 다음의 추론이 어떤 오류를 범하고 있는지 설명하라.

① 교수님, 저의 학점을 한 등급만 상향 조정해주시길 바랍니다. 저는 일주일 전 사고를 당하여 입원치료를 받았으며 아직도 완쾌가 되지 않은 상태입니다.

_____

_____

_____

② 5년째 징역형을 살고 있는 그 사람에게 감형조치를 하는 것이 마땅합니다. 그는 극도의 가난 속에서 너무도 힘든 유년기를 겪었으며, 적절한 교육을 못 받은 탓에 밑바닥 인생을 살아왔습니다.

_____

_____

_____

3. 대중에 호소하는 오류

대부분의 사람들은 자신이 보통의 다른 사람과는 다른 유별난 사람이 되기를 꺼리며, 반대로 일상적이고 평범한 부류에 속하기를 원한다. 추론자가 자신도 모르게 이러한 욕구에 이끌리거나, 논증자가 대중들의 이러한 욕구 내지 심리를 이용하여 자신이 원하는, 그러나 근거 없는 결론을 받아들이도록 설득할 때 범하는 오류가 대중성에 호소하는 오류이다. 아래와 같은 오류가 대표적인 대중성에 호소하는 오류이다.

우리 아파트 단지에 거주하는 학부모들의 90% 이상이 자녀들에게 조기 영어 교육을 시키고 있을 뿐만 아니라 상당수는 외국으로 어학연수를 보내고 있다. 따라서 우리 아이도 영어 조기 교육을 받아야 한다.

3. 다음의 추론이 어떤 오류를 범하고 있는지 설명하라.

① 세계경제가 침체인 이 시점에서 지나가는 사람에게 길을 막고 물어보라. 지난 정부가 현 정부보다 경제정책을 더 잘했다고 대답할 사람은 한 사람도 없을 것이다.

_____

_____

_____

② 너는 어떻게 철학과에 지원할 생각을 할 수 있냐? 너처럼 공부를 잘하는 학생들 중에 누가 철학과에 지원하니?

_____

_____

_____

③ 당연히 S대가 우리나라에서 가장 좋은 대학교지. 예나 지금이나 우리나라 사람이라면 누구든 S대가 최고라고 생각하거든.

_____

_____

_____

4. 새로움에 호소하는 오류

　사람들은 일반적으로 옛것보다는 새것을 좋아하고 선택한다. 새로 나온 것이 기존의 것보다 더 향상된 것이라는 기대와, 유행에 뒤처지면 어쩌나 하는 두려움 등이 작용한 결과일 것이다. 지난 총선에서 한나라당이 새누리당으로 당명을 바꾸어 크게 효과를 보았다는 사실 역시 새로운 것에 대한 대중의 인기를 잘 보여준다. 그러나 만약 그 변화가 내용상 아무 것도 달리진 것이 없고 단지 이름만 바꾼 것이라면 나아진 것은 없을 것이다. 무언가가 단지 새롭다는 이유만으로 옛것보다 더 낫다고 주장할 수는 없다. 그럼에도 불구하고, 우리는 참신성에서 우월성으로 추론하는 경우가 종종 있는데, 이때 범하는 오류를 새로움에 호소하는 오류라고 한다.

4. 다음의 추론이 어떤 오류를 범하고 있는지 설명하라.

① 태블릿 PC 살 생각 있어? 그렇다면 애플의 아이패드 2보다는 삼성전자의 갤럭시 노트 2를 사는 게 어때? 다른 것을 다 떠나서 갤럭시 노트 2는 바로 얼마 전 출시된 최신형이잖아.

_____

_____

_____

② 유권자 여러분께서 저희 국민생각당에 소중한 한 표를 던져주시기를 간곡히 호소합니다. 무엇보다도 저희 정당은 기존 보수 정당들에 실망한 국민들을 위해 최근 창당한 새로운 보수 정당임을 잘 기억해주시기 바랍니다.

_____

_____

_____

5. 선호에 호소하는 오류

오토바이 광고에는 날씬하고 예쁜 여자들이 섹시한 옷차림을 하고 나오는 경우가 흔하다. 오토바이의 주 고객은 젊은 남자들이기 때문에, 광고주는 그들이 좋아하리라고 생각되는 섹시한 여자들을 등장시켜 오토바이를 사도록 설득하는 것이다. 그 오토바이를 미인들과 강력한 연상으로 묶음으로써, 마치 미인을 구하듯 그 제품을 구하라는 것이다. 그러나 그 여자들이 매력적인 것과 그 물건을 구매하는 것은 전혀 무관한 일이다. 선호하는 것을 갖고 싶은 것은 인지상정이다. 그러나 대중의 이런 욕구를 이용하여 부적절한 결론으로 나아가면 오류를 범하게 되는데, 우리는 이런 오류를 선호 및 선망에 호소하는 오류라고 부를 것이다.[2]

---

2) 선호 및 선망의 종류를 귀여움(cuteness), 섹시함(sexiness) 등으로 나누어, 오류의 종류를 '귀여움에 호소하는 오류', '섹시함에 호소하는 오류' 등으로 세분할 수도 있을 것이다. 앞의 책 104쪽 참조. 그러나 그럴 경우, 오류의 종류가 선호 또는 취향의 수만큼 많아져서, '우아함에 호소하는 오류', '고풍스러움에 호소하는 오류', '화려함에 호소하는 오류' 등등으로 끝이 없을 것이다. 그러므로 이 책에서는 이런 오류들을 일괄하여 선호 및 선망에 호소하는 오류로 부른다.

연 습 문 제

5. 다음의 추론이 어떤 오류를 범하고 있는지 설명하라.

① 사장님, 이 신형 스포츠카 한번 보시죠. 개인적으로 강추합니다. 힘도 좋고 튼튼 하고요, 강한 남성미가 물씬 풍기지 않습니까?

_____

_____

_____

② 이른바 '명품'들이 난립하는 시대! 하지만 각 분야 최고 커리어우먼들의 기품이 느껴지는 명품 브랜드는 오직 샤넬뿐입니다. 그리고 바로 이것이 샤넬을 선택하는 이유입니다.

_____

_____

_____

6. 권위에 호소하는 오류

유명한 전문인들이 대중의 존경과 선망의 대상이 되는 것은 자연스러운 일이다. 대중은 그들을 존경하고 선망하기 때문에 그들을 본받고 따라하려는 욕구가 있다. 그러나 비록 유명인이라 하더라도 모든 분야에 정통할 수는 없으며 비전문 분야에선 그들도 일반인이나 다를 것이 없다. 그럼에도 그들을 추종하려는 욕망에 이끌리거나 또는 고의로 그런 심리를 이용하여, 비전문 분야 유명인의 행동이나 견해를 근거로 어떤 결론을 내린다면, 그것은 권위에 호소하는 오류를 범하는 추론이 된다.[3] 대통령이 막걸리를 마시니까 우리도 맥주 대신 막걸리를 마셔야 한다고 주장하는 추론이 부당함은 불문가지이다.

---

3) 물론 전문 분야 유명인의 견해는 우리가 내리는 결론의 근거가 될 수 있다.

6. 다음의 추론이 어떤 오류를 범하고 있는지 설명하라.

① 북한 정권의 붕괴가 멀지 않은 것 같다. 어제 예배 때 우리 교회 목사님께서 그렇게 예견하셨다.

_____

_____

_____

② 당연히 라면 하면 '신라면'이지. 광고 못 봤니? 박지성 선수도 그 라면만 먹는다잖아.

_____

_____

_____

다음의 추론이 어떤 오류를 범하고 있는지 밝히라.

① 불교 지도자들이 내놓은 이번 시국 선언에 따르면, 4대강 사업은 주변 생태계에 악영향을 미칠 것이고 정부가 강조하는 '경제적 효과'도 미미할 것이다. 결국, 4대강 사업은 환경 파괴적이며 경제적으로도 비효율적이다. 고로 4대강 사업은 즉각 재고되어야 한다.

_____

_____

_____

② 리명박 역적패당은 그들의 조문 불허 조치가 명백하게 부당하며 반인륜적인 처사임을 하루 빨리 인정하고 민족 앞에 머리 숙여 사과해야 한다. 만일 그러지 않는다면 우리 공화국은 즉시 이를 응징할 것이다. 서울은 불바다로 변할 것이며, 그 책임은 고스란히 남조선 당국이 지게 될 것이다.

_____

_____

_____

③ 신임 교육감의 체벌 금지 제도는 정당하다. 교내 체벌을 허용하는 것은 간단히 말해, 매우 시대착오적이다. 일부 후진국들을 제외한 대부분의 현대 국가에서 체벌은 아주 오래전에 사라졌다.

_____

_____

_____

④ 누누이 말하지만 우리 사장은 참 나쁜 사람이야. 다른 사람은 몰라도 나에게 만큼은 더 많은 봉급을 줘야 하는 것 아니야? 너도 내 사정 잘 알지? 매일 빚 독촉에 시달리고 키워야 할 애들은 많고……, 설상가상으로 노모는 몇 년째 병상에 누워계시잖아?

_____

_____

_____

⑤ 공산주의 이념은 그릇된 신념체계이다. 북한과 대치 중인 우리나라 국민 대다수는 특히 공산주의에 대해 강한 적대감을 가지고 있거나 위협을 느끼고 있다. 결국 우리 사회에서 공산주의를 신봉한다는 것은 곧 위험인물로 낙인찍힌 채 따가운 시선을 받으며 사는 것을 의미한다.

_____

_____

_____

⑥ 환자분께서는 이 수술방식의 문제점을 심각하게 걱정하실 필요가 없습니다. 그것은 작년 미국에서 개발된 최신의 수술기법인데요……, 저희 병원 선생님께서 올해 미국 연수하실 때 배워오셨습니다.

_____

_____

_____

⑦ 일전에 내가 말한 강남의 그 성형외과로 가! 이름만 대면 다 알 만한 톱 여배우들이 모두 거길 거쳤다 하잖니.

_____

_____

⑧ 대학생 A: 요번 선거에서만큼은 현재 여당이 이기지 못할 거야.
　대학생 B: 왜?
　대학생 A: 왜냐하면 우리 과 교수님께서 수업시간에 자주 그렇게 말씀하셨거든.
　대학생 B: 그렇구나……. 그런데 그분은 어떤 분인데?
　대학생 A: 그분은 보통 분이 아니셔. 우리나라 생물학계에서 세 손가락 안에 꼽히는 훌륭한 학자이시지.

_____

_____

⑨ 공리주의자들을 필두로 하는 이른바 '결과주의자들'은 엄밀한 의미의 '의무', 즉 결과의 선함과 독립하여 해야 하는 행위를 부정한다. 하지만 이는 얼토당토않은 주장에 불과하다. 동서고금을 막론하고 대다수 사회의 '도덕' 혹은 상식적 윤리 관념은 의무의 존재를 인정하기 때문이다.

_____

_____

⑩ 아직도 데카르트를 운운하는가? 포스트모던의 시대에 고리타분하고 낡아빠진 300년 전의 세계관을 아직도 신봉하는 자가 있다는 것이 신기할 따름이다. 제발 좀 구시대적 발상에서 벗어나 최첨단의 철학사상으로 눈을 돌리길 바란다.

_____

_____

⑪ 하나님은 분명히 계십니다. 물론 하나님의 존재를 믿고 안 믿고는 여러분의 자유입니다. 하지만 이것 하나는 여러분께서 기억하셔야 합니다. 만약 하나님이 계시다는 사실을 부정한다면 그로 인해 여러분은 실로 상상할 수 없는 대가를 치를 것입니다. 어떤 이는 하나님의 존재를 부정한 채 한평생을 행복하게 마감할 수도 있을 것입니다. 허나 그런 사람도 죽음 이후 그분의 심판을 받을 것이요 불신의 죄에 대해 영원한 벌을 받을 것입니다.

_____

_____

_____

⑫ 위대한 문화인류학자인 레비 스트로스가 일관되게 초자연적인 실재를 부정하는 것을 보면, 신의 관념은 고리타분한 동시에 미신적인 허구일 뿐이다.

_____

_____

⑬ 네 말이 맞다. 그가 법을 어긴 것은 사실이다. 상점에서 장난감을 훔쳤으니 형법상 절도죄에 해당하지. 하지만 그가 처한 상황을 생각해보아라. 어린이날인데도 아이한테 변변한 선물 하나 못 사줄 만큼 가난하다. 그러므로 그의 행동을 아무도 도덕적으로 비난할 수 없다.

_____

_____

⑭ 이참에 너도 우리 아파트로 이사 오면 어때? 사람들이 우러러보는 유명 인사들이 모여 사는 곳이야.

_____

_____

⑮ 소극적 안락사의 일종인 존엄사의 의료행위는 윤리적으로 정당한 반면 적극적 안락사 — 치명적 약물을 직접 주사하여 환자를 죽이는 행위 — 는 그것이 비록 환자의 동의하에 이루어진다 할지라도 옳지 못하다. 존엄사의 경우 그것의 윤리적 정당성에 대해 충분한 사회적 합의가 이루어졌다고 할 수 있지만, 적극적 안락사의 경우 전혀 그렇지 못하기 때문이다. 여전히 절대 다수의 사람들이 적극적 안락사에 반감을 나타내며 그것이 윤리적으로 부당하다고 굳게 믿는다.

---

⑯ 수업시간에 조는 것이 왜 나쁘지? 수업시간에 한번이라도 안 졸아본 애들 나와보라고 해!

---

⑰ 북한에 대해 잘 알고 싶은가, 제군? 송두율 선생의 저서는 북한을 바라보는 전혀 새로운 관점을 제시하고 있네. 그래서 나는 제군에게 그 책의 일독을 권하네.

---

⑱ 이번 정권 들어서 우리나라의 민주주의는 후퇴하였고 인권수준은 하락한 것 같다. 최근 세계적인 언어학자인 노암 촘스키 교수가 이에 대해 깊은 우려를 표하지 않았는가!

6

무관성의 오류 II:
혼동추론

전제와 논리적으로 무관한 결론을 이끌어내는 또 다른 이유는 감정 및 욕구 이외의 원인에 의한 혼동이다. 논자가 주장과 그것을 펴는 사람을 혼동하거나, 인식과 사실을 구별하지 못하거나, 인과관계를 오해할 때, 논증의 전제는 결론에 대해 뒷받침의 관계를 갖지 못하는 경우가 발생한다. 이것은 추론의 관점에서 보면, 결론을 그것과 무관한 전제에서 도출하는 오류를 범하는 것인데,[1] 우리는 이것을 혼동추론의 오류라고 부를 것이다.

1. 사람과 주장을 혼동하는 오류

목표를 혼동하는 추론은 논쟁을 할 때 자주 발생한다. 논쟁(論爭)이란 자신의 주장이 상대의 것보다 더 정당하거나 최소한 그에 못지않게 정당하다고 사람들을 설득하는 싸움이다. 논쟁에서 이기려면 상대 주장을 논파하는 것도 자기주장을 옹호하는 것 못지않게 중요하다. 상대의 주장이 틀렸다는 것만 밝힐 수 있다면 그 논쟁은 이긴 것이나 마찬가지이기 때문이다. 그러나 사람들은 때때로 공격대상을 혼동하여 상대방의 주장을 공격하는 대신 상대방 자체를 공격한다. 상대방이 문제가 있는 사람이라고 비난하기 일쑤이다. 그렇게 되면 자신의 주장이 옳다는 결론을 이와 무관한 상대방의 신상 문제나 정황에서 추론하는 것이 된다.[2]

---

1) 결론을 내세우고 그것에 대한 전제를 제시하는 것은 논증이고, 거꾸로 주어진 전제에서 결론을 끌어내는 것은 추론이다. 그러므로 결론과 무관한 전제를 제시하는 논증은, 결론을 그것과 무관한 전제에서 도출하는 추론과 같다.

2) 이것은 논증의 관점에서, "사람을 향한 논증(argument directed to the man)" 또는 "사람에 반

1) 인신공격의 오류

상대가 주장하는 내용을 반박하지 않고, 신상에 관한 일을 들어 그 사람을 공격할 때 범하는 오류를 인신공격의 오류라고 한다. 논자의 신상에 관한 문제와 그의 주장의 정당성에 관한 문제는 전혀 별개이고 따라서 전자를 근거로 후자를 추론하는 것은 잘못이다.

2) 정황적 오류

정황적 오류는 상대가 처한 조건이나 상태를 근거로 상대의 주장이 부당하다거나 또는 별로 고려할 가치가 없다는 결론을 이끌어낼 때 발생하는 오류이다. 상대의 처지(정황)와 주장은 논리적으로 무관하다. 그러므로 어떤 주장의 정당성은 그것을 주장하는 사람의 처지에 의해 결정되지 않는다. 어떤 사람이 단지 가난하다는 이유만으로, 예컨대 부유세 도입에 찬성하는 그의 주장을 틀렸다고 할 수 있겠는가?

3) 논자의 진실성을 논증의 타당성과 혼동하는 오류

어떤 사람의 주장이 실제 행동과 일치하지 않는다는 이유로 그 주장이 틀렸다거나 고려할 만한 가치가 없다고 생각하는 사람들이 있다. 예를 들어 어떤 사람이 자신은 종종 공공장소에서 흡연을 하면서도 대중 앞에서는 공공장소 흡연은 다른 사람들에게 간접흡연의 피해

대하는 논증(argument against the man)"이라고도 불리는 것이다. I. M. Copi, *Introduction to Logic* (6th ed.), 99쪽 및 Harry J. Gensler, *Introduction to Logic* (2nd ed.), 62쪽 참조.

를 주므로 나쁘다고 주장한다면, 그 사람의 주장은 옳지 않다는 것이다. 그러나 이것은 그 사람의 진실성 또는 신뢰성과 그가 전개하는 논증의 정당성을 혼동하는 것이다. 비록 그가 언행이 일치하지 않는 못미더운 사람일 지라도, 그렇기 때문에 간접흡연을 근거로 공공장소 흡연의 불가함을 주장하는 그의 논증까지 그릇된 것은 아니다.[3]

---

3) 이것은 논리적 관점에서, "피장파장(you too)의 오류"라고도 불린다. T. Bowell and G. Kemp, *Critical Thinking*, 123쪽 참조.

연습문제

1. 다음의 추론이 어떤 오류를 범하고 있는지 설명하라.

① 촛불집회 사건에 개입한 모 대법관이 사퇴해야 한다는 최 변호사의 주장은 정당하지 못하다. 왜냐하면 그는 뇌물수수 혐의로 판사직에서 물러난 사람이기 때문이다.

_____

_____

② 성실하게 군 복무를 마치고 막 제대한 철수는 군 가산점 제도의 부활에 반대하는 영희의 주장에 대해, 그것은 영희가 군 가산점을 받을 수 없는 여자라서 하는 소리이니 귀담아 들을 필요가 없다고 일축한다.

_____

_____

③ 일개 전문대 출신인 그의 말을 뭘 그리 귀담아 들어?

_____

_____

④ 네가 수술까지 받아야 한다고? 아무리 의사의 말이라도 그 말 곧이곧대로 받아들이지 마. 너는 수술받지 않아도 될 거야. 의사들이야 돈 좀 더 벌고 싶어서 늘 그런 식으로 말하지.

_____

_____

⑤ 나는 정치인의 도덕적 주장을 신뢰하지 않는다. 그들의 도덕적 주장은 사실 그들 자신의 이익을 위해 남을 통제하는 수단일 뿐이니까.

_____

_____

⑥ 하이데거의 사상을 높이 평가하는 사람들을 나는 도저히 이해할 수 없어. 그는 자신의 헛된 권력욕 때문에 나치에 이용당한 어용 지식인일 뿐인데…….

_____

_____

⑦ 그분은 노블레스 오블리주를 표방하며 기득권층의 사회적 기여를 역설해왔다. 하지만 이제 보니 그의 말은 다 엉터리이다. 그의 아들은 납득할 수 없는 사유로 병역면제를 받았고 그의 아내는 부동산 투기를 일삼았으며, 그는 허위로 재산을 신고하고 세금을 체납하였다.

_____

_____

_____

⑧ 남북이 동계 올림픽을 공동개최해야 한다는 주장은 일고의 가치도 없다. 우리는 우리의 적인 북한과 남한 내의 그 추종세력, 즉 이른바 '종북세력'들이 이러한 주장에 열을 올리고 있다는 사실을 주시할 필요가 있다.

_____

_____

_____

⑨ 그는 한 토론 프로그램에서 조기 유학의 문제점에 대해 열변을 토한 바 있다. 하지만 그의 주장은 더 이상 신뢰할 수 없다. 왜냐하면 그렇게 주장하는 그 자신의 막내아들이 중학교를 미국에서 다닌 것으로 밝혀졌기 때문이다.

_____

_____

_____

2. 무지에 호소하는 오류

어떤 사실이 참 또는 거짓이라는 것과 우리가 그것이 참 또는 거짓임을 안다는 것은 엄연히 다른 것이다. 그럼에도 이 둘을 혼동하여, 어떤 명제가 거짓임을 모르기 때문에 그것이 참이라고 주장하거나, 거꾸로 어떤 명제가 참인지 모른다는 것을 근거로 그것이 거짓이라고 주장하면 무지에 호소하는 오류를 범하게 된다. 과거, '페르마의 정리는 여태껏 아무도 그것이 참임을 증명하지 못했으므로 거짓이다.'라고 추론했던 사람은 그 정리가 참임이 증명된 지금 자신의 결론이 틀렸음을 인정하지 않을 수 없을 것이다.

2. 다음의 추론이 어떤 오류를 범하고 있는지 설명하라.

① 구당 선생의 침과 뜸 시술이 과연 그의 주장처럼 암 치료에까지 효과적일까? 결론부터 말하자면 그렇지 않다. 우리는 아직 그 효능을 입증할 만한 과학적 근거를 지니고 있지 않다. 그로부터 침과 뜸 시술을 받은 암 환자 중에 호전된 사례가 있음은 사실이다. 하지만 그 암 환자들이 그의 시술로 인해 그렇게 되었는지 아니면 다른 이유에 의해 그렇게 되었는지는 검증된 바 없다.

_____

_____

_____

② 대마초가 건강에 미치는 해악은 과학적으로 밝혀진 바 없다. 이러한 주장을 펴며 대마초를 반대하는 사람들이 제시하는 이유나 근거는 대마초의 위해성을 입증하기에 너무도 미약하고, 그래서 우리는 아직도 대마초의 위해성에 대해 합리적 의심을 제기할 수 있다. 그러므로 대마초가 건강에 해롭다는 다수의 신념은 거짓이다.

_____

_____

_____

3. 거짓 원인의 오류

원인이 아닌 것을 원인과 혼동함으로써 범하는 오류를 거짓 원인의 오류라고 한다. 거짓 원인의 오류는 대체로 세 가지 종류로 분석된다. 그 한 종류는 어떤 사건이 다른 사건보다 단순히 시간상 앞서 발생했다는 이유만으로 그것이 다른 사건의 원인이라고 단정하는 것이다. 시집간 딸이 오랜만에 친정에 찾아오자, 아침에 까치가 울어서 반가운 손님이 왔다고 생각하는 할머니는 단지 시간상 선행 사건에 불과한 까치울음을 딸 방문의 원인으로 간주하여 전자에서 그것과 관련이 없는 후자를 추론하는 오류를 범한다.

거짓 원인의 오류 중 두 번째 종류는 2개 이상의 요인들이 복합적으로 상호작용하여 초래된 사건을 (대체로 의도적으로) 오직 하나의 원인에서 기인한 것으로 간주하여, 그것에서 사건발생을 추론하는 것이다. 우리나라의 80년대 경제성장은 저유가, 저금리, 원화가치 하락, 정부의 효과적인 경제정책 등등에 힘입은 바 크다. 그러나 신군부가 자신의 치적을 선전하기 위해, 그때의 경제성장을 온전히 그들 정책의 공으로만 돌리고 군부독재에서 경제발전을 추론한다면, 그것은 두 번째 종류의 거짓 원인의 오류를 범하는 예가 될 것이다.

또 다른 종류의 거짓 원인의 오류에는 상관관계와 인과관계를 혼동하는 오류가 있는데, 이는 두 유형의 사건들 사이에 통계적 상관관계가 있다면 둘 사이에 인과관계가 성립한다는 그릇된 가정으로 구성되는 추론이나 논증이 범하는 오류이다.

연습문제

3. 다음의 추론이 어떤 오류를 범하고 있는지 설명하라.

① 지금까지 우리 집안은 아무 일 없이 무사태평했는데, 새로 며느리가 들어온 후부터 집안에 크고 작은 우환이 그치질 않는다. 그러므로 새 며느리는 반드시 내쫓아야 한다.

_____

_____

_____

② 시험 잘보라는 문자 줘서 고마워. 그 문자를 받고 시험을 보니 이상하게 집중이 잘 되고 답안도 잘 써지더라고. 내일도 시험인데 오전 중에 문자 한 통 보내줘!

_____

_____

_____

③ 당신이 어디에 사는가가 자녀의 학업성취도를 결정한다는 것은 당연합니다. 강남권 수험생들이 타 지역 학생들에 비해 압도적으로 높은 명문대 진학률을 보인다는 것은 너무도 뻔한 사실이지 않습니까!

_____

_____

_____

④ 까치가 행운을 가져온다는 옛말이 틀린 것은 아니군……. 아침에 까치 한 마리가 그렇게 울어대더니 퇴근길에 길에서 돈을 주웠지 뭐야.

----

⑤ 소득 수준은 별로 나아진 것은 없는데 물가가 너무 많이 올라 서민들의 삶이 예전보다도 팍팍해졌다. 현 정부에서 내수 진작과 고용증가를 위한 별 노력을 하지 않았고 물가를 잡기 위한 강력한 정책을 내놓지 못하였다는 것이 사실이고, 당연히 이 점이 현재의 어려운 서민의 경제 형편을 궁극적으로 설명한다. 그러므로 지금 우리 서민들이 겪는 경제적 고통의 책임은 오로지 현 정부에 있다고 하겠다.

----

4. 성급한 일반화의 오류

성급한 일반화의 오류는, 특수한 경우에만 참인 어떤 것을 일반적인 원리 또는 규칙으로 삼아 같은 종류의 모든 경우에 적용시킴으로써 발생하는 오류이다. 예를 들어, 누군가 '우리 학과 학생들은 아무도 악기를 연주하는 사람이 없다. 따라서 요즘의 젊은 세대들은 음악에 관심이 없는 것이 틀림없다.'고 추론한다면, 그는, 자기 학과 학생들이 젊은 세대 전체를 대표하지 못함에도, 전자와 후자를 혼동하여 (전자에만 해당되는 음악에의 무관심을 후자에게 적용함으로써) 성급한 일반화의 오류를 범하고 있는 것이다.

4. 다음의 추론이 어떤 오류를 범하고 있는지 설명하라.

① 내 친한 친구, 여자 친구, 사촌 동생이 모두 A형이거든. 그런데 잘 생각해보면 이들 모두 작은 일에도 상처 잘 받고 한번 상처받으면 오래 꽁해 있는 경향이 있어. A형 사람들이 소심하고 뒤끝이 있다는 말이 틀린 얘기는 아닌 것 같아.

_____

_____

_____

② 우리 외가 쪽이 경상도 집안이라 내가 잘 아는데, 경상도 남자들은 참 보수적이고, 무뚝뚝하고 가부장적이야.

_____

_____

_____

5. 우연의 오류

우연의 오류는 성급한 일반화의 오류와는 반대로, 일반적인 경우에 적용되는 원리나 규칙을 그것이 적용될 수 없는 예외적인 경우에 적용시켜 범하게 되는 오류이다. 예를 들어, 대한민국은 헌법상 언론의 자유가 보장된 나라이니 이 나라에서 허위사실 유포죄는 성립할 수 없다는 추론은 일반적인 경우와 예외적인 경우를 혼동하는 우연의 오류를 범하는 추론이다.

연습문제

5. 다음의 추론이 어떤 오류를 범하고 있는지 설명하라.

① 그의 행동이 비록 의로운 동기에 의한 것이지만, 그래도 그는 폭행 및 상해죄에 의해 처벌받아야 한다. 은행 강도를 제압하는 과정에서 그는 강도의 머리를 내리쳐서 의식을 잃게 만들었으며, 전치 10주의 부상을 입혔기 때문이다.

_____

_____

_____

② 검찰에 따르면 그녀는 인터넷 매체를 통하여 북한의 주체사상, 세습정권을 찬양하고 남한 내의 반정부세력에 의한 정부전복, 북한에 의한 적화통일의 당위성을 꾸준히 주장해왔다. 검찰의 피의사실이 다 맞다 치더라도, 우리는 과연 그녀를 죄인 취급해야 하는가? 대한민국은 자유민주주의를 기본정신으로 삼는 나라이고 그래서 당연히 '양심의 자유'와 '정치적 의사표현의 자유'를 법적으로 인정하는 국가이다.

_____

_____

_____

6. 허수아비 논증의 오류

이 오류는 논자가 상대의 논증을 쉽게 논파하기 위해 그것을 비판하기 쉽도록 왜곡하여 반박하고 이 왜곡된 논증과 원래의 논증을 혼동하여, 원래의 논증을 실제로 반박했다고 강변할 때 발생한다. 그러나 이 경우, 논자가 공격한 것은 허수아비에 불과하기 때문에, 설사 그가 그것을 쓰러뜨렸다고 하더라도, 그는 상대 논증의 부당성을 입증하지 못한다. 만약 어떤 사람이 부부유별의 유교적 부부관은 현대의 관점에서 볼 때 터무니없다고 비난하면서, 부부관계는 동등한 수평적 관계이지 상하의 수직적 관계가 아니라고 주장한다면, 그는 남편과 아내 사이에는 엄격히 지켜야 할 인륜의 구별이 있다는 뜻의 '부부유별'을 남편과 아내의 관계는 수직적 상하관계라는 뜻으로 왜곡하여 해석하고 그것을 비판하는 허수아비 논증의 오류를 범한다.

6. 다음의 추론이 어떤 오류를 범하고 있는지 설명하라.

① 남자와 여자 사이에 엄연한 차이가 존재한다는 것은 삼척동자도 다 알 수 있는 사실이니, 이른바 '페미니즘'은 명명백백한 허구일 뿐이다.

_____

_____

_____

② 니체의 사상은 거짓일 뿐 아니라 위험천만하다. 실제 그의 사상은 나치의 이데올로기가 되었고 그들에 의해 십분 이용되지 않았는가? 어찌 힘 있는 자가 정치권력을 잡고 약자인 타인을 맘껏 지배하는 것이 최고의 선이요 정의가 될 수 있단 말인가?

_____

_____

_____

7. 약한 유비의 오류

유비추론은 성질이 비슷한 사물이나 현상을 비교하여 그 유사성을 지적하고 그것을 근거로 한 사물이나 현상에서 참인 어떤 것이 그것과 비교되는 다른 사물이나 현상에서도 참이라고 추론하는 것이다. 이 추론의 표준형식은 이러하다.

> A와 B는 w, x, y의 속성을 공통으로 지닌 유사 사물 또는 현상인데, A에 속성 z가 있다는 것이 확인되었다. 그러므로 B 역시 z를 갖는다.

약한 유비의 오류는 유비추론에서 비교되는 대상들 사이의 유사성이 본질적인 것이 아니라서 결론을 도출해낼 수 있는 적절한 연관관계가 존재하지 않을 때 나타나는 오류이다. 어떤 열등생이 그와 마찬가지로 학교성적이 부진했던 윈스턴 처칠 경이 영국의 수상이 되었으므로, 자신도 언젠가 대한민국의 대통령이 될 것이라고 주장한다면, 그는 학교 성적 불량이라는 우연적 유사성을 장래의 성공까지 보장하는 본질적인 것과 혼동하여, 약한 유비의 오류를 범하는 것이다.

7. 다음의 추론이 어떤 오류를 범하고 있는지 설명하라.

① 선생님이 날 따로 부르셨지만 별일 없을 것 같아. 한별이와 나 둘만 부르셨는데 한별이는 칭찬을 받았데. 내가 한별이랑 뭐 다를 게 있나? 나도 걔만큼 키도 크고 잘생긴데다가 성격도 좋잖아?

_____

_____

_____

② 그 대학교도 좋은 학교임이 분명하다. 명문 B대학교가 그런 것처럼 지역 유일의 국립 종합대학교이고 B대만큼 교수와 학생 수도 많으니까.

_____

_____

_____

8. 논점일탈의 오류

　논점일탈의 오류는 논의에 주어진 '논점'이나 '논제'를 다른 것으로 혼동하는 데서 비롯되는 추론이나 논증이 범하는 오류이다. 즉, 한 추론이나 논증의 결론이, 논자가 원래 답하고자 했던 논의의 중심문제가 아닌 엉뚱한 문제로 향할 때, 그것은 논점일탈의 오류를 범하게 된다. 기여입학 제도의 도입이 적절한가를 논의하는 자리에서 일부 사립대학의 재단 비리를 거론하며 비리의 원인을 족벌운영에 있다고 진단하고 비리근절 대책을 제시하는 것은 논점일탈 오류의 한 예라고 하겠다.

8. 다음의 추론이 어떤 오류를 범하고 있는지 설명하라.

① 검사 : 여러 정황상으로 볼 때 그는 거액의 뇌물을 수수했음이 분명합니다. 무엇보다도 검찰 심문에서 사장이 뇌물을 주었다고 증언했습니다. 또한 그의 계좌에서 출처 불명의 현금이 거액으로 한꺼번에 입금된 사실이 있고 그의 동생 자택에서 사장 명의로 발급된 수표가 발견되었습니다.

변호사: 그분이 비록 뇌물수수 혐의를 받고 있지만 훌륭한 정치인임이 분명합니다. 장관과 총리를 역임하면서 국가 위기 때마다 뛰어난 리더십을 발휘했으며, 특히 여성 인권의 신장과 대한민국 민주주의 발전에 크게 기여하신 분입니다. 아직도 우리나라를 위해 할 일이 많으신 분이시지요.

_____

_____

_____

② 그렇다면 우리는 학교폭력을 어떻게 해결해야 하는가? 학교폭력은 소수의 학교에 국한되지 않고 반대로 대부분의 학교에 만연해 있는 현상이 되어버렸다. 그것으로 인해 많은 학생들이 학교에 오는 것조차 두려워하며 심지어는 스스로 목숨을 끊는 학생들도 있다. 그러므로 학교폭력은 우리 사회가 현재 직면한 심각한 사회 문제라는 것이 분명하다.

_____

_____

_____

9. 우물에 독 뿌리는 오류

이 오류는 어떤 주장의 정당화와 그것에 대한 비판금지를 혼동하여, 결론에 합당한 근거를 제시하는 대신 결론에 대한 반론을 원천적으로 봉쇄할 때 범하는 오류이다. 어떤 한미 FTA 지지자가 "한미 FTA는 반드시 체결되어야 한다. 그것은 대한민국 국민이라면 그 누구도 반대해서는 안 되는 국가 번영의 방책이다."라고 주장한다면, 그는 한미 FTA 체결을 주장하는 근거는 제시하지 않고, 그 주장에 대한 반론만 막으려고 하므로, 우물에 독 뿌리기라는 오류를 범하는 것이 된다.

9. 다음의 추론이 어떤 오류를 범하고 있는지 설명하라.

① 독도는 엄연히 우리 땅이다. 짧게 말해 대한민국 국민으로서 독도가 대한민국 영토라는 것을 부정하는 것은 친일매국 행위와 다름없다는 것을 명심해야 한다.

_____

_____

_____

② 지난 당내 경선에서 총체적인 부정과 부실이 있었다는 주장은 받아들여질 수 없다. 만일 당신이 이러한 주장을 수용한다고 하자. 그렇다면 당신은 당원의 한 명으로서 기성 언론과 보수 정치 세력의 프레임에 놀아나는 것이며, 용납할 수 없는 중대한 해당행위를 하는 것이 된다.

_____

_____

_____

종합문제

아래의 추론들이 어떤 오류를 범하고 있는지 밝히라.

① 〈철학의 이해〉 중간고사 문제: 경험주의는 옳은가? 본인의 입장과 그 이유를 서술하라. 답: 경험론에 따르면 인식은 경험과 독립하여 성립할 수 없다. 환언하면 그것은 어떠한 명제도 직간접적인 경험적 근거 없이는 알려질 수 없다는 주장이다. 경험론은 근대 영국에서 체계화되기 시작하였고 베이컨, 로크, 버클리, 흄 등이 근대의 대표적 경험론자들이라고 할 수 있다.

_____

_____

_____

② 우리 아버지는 매일 나보고 담배를 끊으라고 하시는데 솔직히 나는 이 말이 그냥 잔소리로만 들려. 우리 아버지는 지금 내 나이를 훌쩍 넘었을 때까지도 담배를 계속 피우셨거든…….

_____

_____

_____

③ 스님 말씀대로 그곳으로 이장을 한 후 집안일들이 술술 잘 풀렸습니다. 딸이 부잣집에 시집을 가고 아들은 대기업에 취직을 하고요. 확실히 그 산자락이 명당인가 봅니다. 감사합니다, 스님.

_____

_____

_____

④ 선생님께서 수업 도중에 정부를 비판한 것 때문에 징계를 받으셨지만 이는 매우 부당한 처사이다. 우리 헌법은 명백히 정치적 의사 표현의 자유를 인정하기 때문이다.

_____

_____

_____

⑤ 난 중국인들이 싫어, 왜냐하면 그들은 다른 나라를 무시하고 게으르며 불결하거든……. 우리 과에 중국에서 유학 온 애들 5명이나 있는데, 얘들은 하나같이 안하무인으로 항상 자기들 나라만이 최고래. 게다가 전혀 공부를 열심히 할 생각은 않고 늘 냄새가 나.

_____

_____

_____

⑥ 천안함이 북한의 어뢰에 의해 폭파되었다는 정부의 이번 조사결과는 거짓이며 이번 보궐선거에서 북풍을 일으켜보겠다는 낡은 정치 공작에 불과하다. 정부가 직간접 '증거'로서 제시한 것들은 누가 보아도 천안함의 어뢰 피폭 사실을 명백히 입증할 만한 'smoking gun', 즉 결정적인 증거로 볼 수 없기 때문이다.

_____

_____

_____

⑦ 사르트르의 실존주의 사상은 낡아빠진 교조일 뿐이지. 사르트르가 누군가? 그는 소련이 동유럽을 침공하고 자국민 인권을 심각하게 유린하던 시절에도 소비에트 공산당에 심정적인 지지를 보내고 공산주의를 끝까지 옹호했던 인물이다.

_____

_____

_____

⑧ 기자 :　　최근 헌법재판소에서 간통죄는 합헌이라고 판결했고, 대다수 일반 국민들은 여전히 간통죄가 존치되어야 한다고 믿습니다. 평소 여러 이슈들과 관련해 진보적 성향을 드러내신 선생님께서는 이 문제에 대해 어떤 생각을 갖고 계십니까? 간통죄는 폐지되어야 한다고 생각하십니까?

진보주의자 :　저는 간통이 윤리적으로 그른 행위라고 생각합니다. 간통은 근본적으로 부부간의 신뢰를 무너뜨리는 것이고, 배우자와 자녀에게 정신적인 상처를 입힙니다. 또한 그것은 종국적으로 가정의 해체를 불러올 수도 있지요.

_____

_____

_____

_____

⑨ 그 의사가 임신 중절 시술을 했으니까 당연히 처벌받아야지. 정상 분만할 경우 산모의 생명에 지장이 있었겠지만 그럼에도 그가 낙태 시술을 한 것만큼은 명백한 사실이고 현행법상 낙태는 엄연히 금지되어 있지 않은가!

_____

_____

_____

⑩ 지금까지 세 군데의 교회를 다녔지만 이제부터는 절대 교회에 안 갈 거야. 우리 나라 목사들에게 환멸을 느낀다. 그들은 하나같이 이익에 눈이 먼 장사꾼들에 불과한 것 같아. 내가 다녔던 교회 목사들은 신도들의 돈으로 호의호식하면서도 어떻게 하면 더 돈을 뜯어내고 신도 수를 늘릴까에 혈안이 된 사람들이었어.

---

⑪ 선생님, 성적을 산출하실 때 무언가 착오가 있으셨던 것 같습니다. 제 점수가 터무니없이 낮은 것 같아요……. 함께 수강한 저희 과 친구들 모두 A를 받았는데 저만 C+입니다. 출석도 그 아이들과 똑같이 했고요. 그 아이들처럼 맨 앞에 앉아 수업을 들었고 하나의 노트를 가지고 함께 공부했습니다.

---

⑫ 강남 사람들은 박원순 씨가 서울시장이 되어서는 안 된다고 하지만 우리는 이 말에 현혹되어서는 안 된다. 그들이 왜 '박원순 서울시장 불가론'을 펴겠는가? 간단히 말해 그들 자신의 이익과 직결되기 때문이다. 박원순 씨가 당선되면 저소득층 복지를 위한 서울시 예산 비중이 큰 폭으로 증가할 것이며 부자들인 그들은 세금을 더 많이 내야 할 가능성이 높다. 그리고 말할 필요도 없이 그들은 세금을 한 푼이라도 더 내는 것에 민감하며 그것이 그들 자신의 이익과 무관하게 쓰이길 바라지도 않는다.

---

⑬ 공산주의가 바람직한 사회체제라고? 아직도 그런 말도 안 되는 주장을 펴는 사람이 있다니 기가 막힐 노릇이구나! 다른 것 다 떠나서 그런 발상 자체가 북한과 대치 중인 대한민국 국민이라면 지양해야 할 이적행위이다.

_____

_____

_____

⑭ 기업들이 사회적 책임을 발휘하여 학벌·학력 서열을 타파하고 고졸 인력의 채용을 늘려야 한다는 그의 말은 전혀 설득력을 가지지 못한다. 그가 경영하는 기업의 95% 이상은 이른바 '일류 대학' 출신이고 그 회사는 설립 후 이제껏 한 명의 고졸자도 채용하지 않았기 때문이다.

_____

_____

_____

⑮ 플라톤의 사상은 고대인의 환상에 불과하다. 아무리 살펴보아도 이 세상의 불완전한 만물이 모방하고 있는 '이데아들'의 세계, 즉 완벽한 삼각형, 완전한 말, 완전한 인간들의 세계는 존재하지 않는다.

_____

_____

_____

⑯ 신이 존재한다는 많은 이들의 믿음에도 불구하고 그것은 결코 '지식'의 지위를 가지지 못한다. 우리는 그 믿음을 입증·정당화할 만한 어떤 근거도 가지고 있지 않다. 결국 그 믿음은 수학적·논리학적 지식처럼 확실하지도, 경험 과학의 명제들처럼 고도로 개연적이지도 않은, 점성학, 샤머니즘과 다를 것 없는 신념에 불과하다. 고로 신은 존재하지 않는다.

⑰ 외국인 노동자들의 유입은 강력범죄의 증가를 초래한다. 통계에 따르면, 외국인 노동자 인구 밀도가 높은 지역일수록 강력범죄의 발생 빈도 역시 높기 때문이다.

⑱ 내 경험상으로, 일본인들은 솔직하지 못해. 지난번 어학연수를 갔을 때 같은 기숙사에 있는 일본 학생들하고 좀 어울렸었거든. 민감한 주제들에 대해서는 내 얘길 그저 듣기만 하고 일체 자기 속내를 안 드러내더라.

⑲ 우리가 십일조 헌금을 꼭 내야 한다는 목사님의 오늘 설교에 의심이 간다. 결국 신도들이 십일조를 내서 이익을 보는 것은 누구겠어? 바로 목사님 자신이잖아?

⑳ 창조론은 진리이다. 진화론의 탄생과 더불어 이제껏 수없이 제기되어온 창조론에 대한 수많은 의심과 논박에도 불구하고, 창조론이 틀렸다는 것은 확실히 입증된 바 없다. (그리고 바로 이런 이유에서 사회지도층, 지식인을 포함한 많은 사람들이 여전히 그들 신앙의 일부로서 창조론을 강하게 믿는다.) 물론 창조론과 논리적으로 배치되는 진화론은 창조론에 대한 가장 주목할 만한 반대 근거이다. 수많은 자연과학자들이 '과학'의 이름으로 진화론을 주장해왔고 이에 대한 다양한 경험적 근거들을 제시해온 것이 사실이다. 그러나 이들의 '경험 과학적' 근거들조차도 진화론을 엄밀한 의미에서 '증명'할 수 없고 그래서 창조론을 확정적으로 기각할 수 없다.

_____

_____

_____

㉑ 분명 하나님은 계시다. 하나님을 부정하거나 그분의 존재를 의심하는 것 자체만으로도 교만이요, 불경이고 신성모독이다. 아니 그것은 그분 앞에서 인간이 지을 수 있는 가장 큰 죄를 짓는 것이다.

_____

_____

_____

㉒ 어찌 쾌락주의를 하나의 주목할 만한 윤리학설로 간주할 수 있는가? 쾌락, 즉 신체적 욕구가 만족됨으로써 얻어지는, 짐승조차도 경험하는 저열한 즐거움이나 기쁨을 유일한 내재적 가치요 가치 판단의 유일한 기준으로 바라보는 것은, 일반적 상식과도 어긋나는 어처구니없는 발상이다.

_____

_____

_____

㉓ 세계에 존재하는 자연물은, 아무리 미물일지언정, 고도의 내재적 형식과 유기적 질서를 지닌다. 그리고 인간이 만든 인위적인 가공물, 즉 집, 시계, 컴퓨터 등등 또한 마찬가지로 이러한 고도의 내재적 형식과 유기적 질서를 지닌다. 그런데 이러한 가공물들은 모두 궁극적으로 그것들에 대한 인간의 이성적 계획 혹은 설계에 기반한다. 그러므로 자연물들도 이성적 설계자에 의해 창조되었을 것이다.

_____

_____

_____

7

애매성의 오류와
부당한 가정의 오류

1. 애매성의 오류

1) 애매어 및 애매구의 오류

애매성의 오류 가운데 대표적인 것이 애매어의 오류와 애매구의 오류이다. 하나의 단어나 어구도 문맥에 따라 여러 가지 다른 의미를 갖기 마련인데 추론에서 이것들을 분명하게 구분하지 않고 혼동해서 사용하면 오류를 범하게 된다. 오류의 원인이 단어가 애매하기 때문이라면 애매어의 오류를 범한 것이고, 어구가 애매하기 때문이라면 애매구의 오류를 범한 것이다.

(나)	(나′)
(모든) 짠 음식은 건강에 해롭다.	(모든) 싱거운 음식에는 소금을 넣어야 한다.
이 찌개는 너무 짜다.	이 막걸리는 싱겁다.
∴ 이 찌개는 건강에 해롭다.	∴ 이 막걸리에는 소금을 넣어야 한다.

위의 추론 (나′)는 (나)와 마찬가지로 형식적으로는 타당하지만, '싱겁다'는 말의 두 가지 서로 다른 의미, 즉 '짠맛이 약하다'와 '맛이 독하지 않다'를 구별하지 않고 사용함으로써 애매어의 오류를 범하고 있다.[1]

만약 누군가가 '약속을 잘 지키는 여인은 아름다운 여인인데, 내 여동생은 누구보다도 약속을 잘 지키므로 미인대회에 나가면 반드시 입

---

[1] 애매성(ambiguity)을 모호성(vagueness)과 혼동해서는 안 된다. 어느 한 표현이 주어진 문맥 안에서 2개 이상의 의미로 해석될 수 있으면 그 표현은 애매한 것이다. 그러나 어느 한 표현이 모호하다는 것은 그것의 의미가 확정적이지 않거나(indefinite) 확실하지 않다는(uncertain) 것이다. T. Bowell and G. Kemp, *Critical Thinking*, 20-34쪽, 172-179쪽 참조.

상할 것이다.'고 추론한다면 그는 '아름다운'의 의미를 혼동하는 애매어의 오류를 범했다고 할 수 있다.

　반면, 만약 누군가가 '독서는 우리에게 필수 영양소를 공급하며, 필수 영양소 결핍이 오랜 기간 계속되면 결국 사망에 이르게 되는데, 영수는 수년간 책을 한 권도 안 읽었으므로 곧 죽을 것이다.'고 추론한다면, 그는 '필수 영양소'의 의미를 혼동하는 애매구의 오류를 범했다고 할 수 있다.

1. 다음의 추론이 어떤 오류를 범하고 있는지 설명하라.

① 생명에 대한 위협을 무릅쓰고 물속에 뛰어든 그의 행동은 분명 크나큰 용기라고 할 수 있다. 그런데 용기란 어떤 행위가 위험하거나 어렵더라도 그것이 의로운 경우 기꺼이 하고자 하는 훌륭한 정서적 성향이므로, 그가 보여준 행동도 정서적 성향이다.

_____

_____

_____

② 신은 완전한 정의로움이요, 완전한 정의로움은 지고의 덕이기에, 신은 최고의 덕이다.

_____

_____

_____

③ 진정한 시인이라면 누구나 때 묻지 않은 사람이다. 어떤 때 묻지 않은 것도 비위생적이지 않다. 그러므로 진정한 시인은 비위생적이지 않다.

_____

_____

_____

2) 결합 및 분해의 오류

어떤 개별적인 것과 그것들이 모여서 이루어진 것은 존재론적 위계가 서로 다르기 때문에, 대부분의 경우 이 둘은 종류나 성격이 전혀 다른 존재이다. 갑돌이, 갑순이, 길동이 등 개인들이 모여서 대한민국이라는 국가를 형성하지만, 국가는 개인과 종류가 전혀 다른 존재이고, 당연히 그것들의 속성 또한 전혀 다르다. 그러므로 존재들 사이의 이러한 위계질서를 무시하고 한 위계의 존재를 다른 위계의 존재와 혼동하면 결합 또는 분해의 오류를 범하게 된다. 예를 들어, '갑돌이, 갑순이, 길동이 등 모든 한국인은 김치를 좋아한다. 그러므로 대한민국은 김치를 좋아한다.'는 추론은 각각의 한국인이라는 낮은 위계의 존재에 속하는 속성을 높은 위계의 존재에 귀속시킴으로써 오류를 범한다. 이처럼, 어떤 집합에 속하는 개개의 원소들이 어떤 성질을 가지고 있기 때문에 그 집합 역시 그 성질을 가지고 있다고 결론을 내릴 때의 오류를 결합의 오류라고 한다.

거꾸로, 하나의 집합이 집합으로서 어떤 성질을 가지고 있다는 전제로부터 그 집합에 속하는 개개의 원소 모두가 그 성질을 가지고 있다는 결론을 이끌어냄으로써 범하는 오류는 분해의 오류라고 한다. 바로 위의 예와 반대 방향으로, 대한민국은 경제 강국이라는 전제로부터 갑돌이, 갑순이, 길동이 등 모든 한국인은 경제력이 강하다는 결론을 추론해낸다면 그것은 분해의 오류를 범하는 것이다.

연습문제

2. 다음의 추론이 어떤 오류를 범하고 있는지 설명하라.

① 그 탈북자는 악한 사람일 것이니 너는 각별히 조심해야 한다. 말할 필요도 없이 북한은 악한 무리가 아닌가!

_____

_____

_____

② 그는 오늘 최고의 자장면을 만들어줄 것 같다. 왜냐하면 그가 사용할 재료들 중 최상품이 아닌 것은 없기 때문이다.

_____

_____

_____

③ 탈레반은 악명 높은 테러 집단이다. 그러므로 탈레반들은 누구든 악명 높다.

_____

_____

_____

④ 현대자동차가 올해 선보일 신형 모델은 독일/일본산 최고급 부품들로 이루어졌다는 특징이 있다. 따라서 그것이 동급 최고의 자동차 브랜드가 될 것이 분명하다.

_____

_____

_____

2. 부당한 가정의 오류

가정의 오류는 전제가 논증하고자 하는 것을 이미 가정하고 있기 때문에 발생하는 것으로서 여기에는 선결문제 요구의 오류, 복합질문의 오류, 거짓 이분법의 오류 등이 포함된다. 또 어떤 방책을 허용하거나 허용하지 않으면 그와 관련된 바람직하지 못한 결과를 반드시 초래한다고 가정하는 연쇄반응의 오류 역시 전제에서 부당한 가정을 하는 오류이다.

1) 선결문제 요구의 오류

논증은 설득을 목표로 한다. 그것은 상대방이 자신의 결론을 수용하도록 하기 위해 그것의 이유나 근거, 다시 말해 전제들을 제시하는 것이다. 그런데 아직 참이라고 인정되지 않은 것을 전제로 삼고, 더 나아가 이에 대한 아무 근거도 제시하지 않은 채 그저 당연시한다면, 그 논증은 올바르지 못하고 따라서 설득력 또한 없다. 이처럼 아직 참으로 확정되지 않은 전제를 참이라고 단정하는 오류를 선결문제 요구의 오류라고 한다. 예컨대, 살인이 범죄이므로 낙태 역시 범죄라는 추론은 태아도 인간이라는, 아직 일반적으로 참이라고 공인받지 못한 명제를 참이라고 단정하기 때문에 선결문제 요구의 오류를 범한다.

선결문제 요구의 오류 가운데 순환논증의 오류라는 것도 있을 수 있는데, 그것은 전제가 결론을 지지하고 다시 결론이 전제를 지지하는 형태의 오류이다. 신문에 난 어떤 기사(記事)에 대해, 그것은 신문에 났기 때문에 사실이라고 말하고, 어떤 것이 사실인가라는 질문에는 신문에 난 것이 사실이라고 답하는 사람은 순환논증의 오류를 범한다. 그는 명제 ① '그 기사는 신문에 났다.'를 근거로 ② '그 기사는 사실이다.'를 주장하고, 다시 명제 ②를 근거로 명제 ①을 주장하는 순환논증을 하고 있다. 그러나 그가 ①에서 ②를 추론하고 다시 ②에서 ①을 추론하는 연쇄추론에는 참이라고 인정되지 않은 것을 참으로 가정하는 오류가 들어있다. 그러므로 이런 순환논증의 오류는 일종의 선결문제 요구의 오류라고 할 수 있다.

연습문제

3. 다음의 추론이 어떤 오류를 범하고 있는지 설명하라.

① 지금 이렇게 큰 고통을 겪는 것을 보면 내가 전생에 큰 잘못을 저질렀음이 분명하다.

_____

_____

_____

② 적어도 명수는 그 수학문제를 해결했을 것이라 믿는다. 그러므로 명수는 우리 반에서 가장 똑똑한 학생이라고 할 수 있지. 그리고 명수는 우리 반에서 가장 똑똑한 학생이기 때문에, 그 문제의 의미를 잘 알고 있을 것이다. 그런데 누구든지 그 문제의 의미를 잘 안다면, 그 문제를 잘 해결할 것이다.

_____

_____

_____

③ 그가 실종된 지 이틀이 지났지만 분명 아직까지 살아남아서 구조를 기다리고 있을 것이다. 그는 무척 강인한 사람이기 때문이다. 그런데 누구든 그런 재앙 속에 살아남는다면 강인하다고 하기에 충분하다. 따라서 그는 강인함에 틀림이 없다.

_____

_____

_____

2) 복합질문의 오류

복합질문의 오류는 2개 이상의 물음을 포함하는 하나의 질문을 제기하고, 그에 대한 하나의 답변을 요구하여 얻어낸 다음 그 대답을 질문에 포함된 물음 모두에 적용할 때 발생한다. 이런 오류는 답변자가 인정하고 싶지 않은 것을 인정하도록 하는 유도 심문에서 흔히 볼 수 있다. 예를 들어, 검사가 증인으로 하여금 용의자를 만난 사실을 인정하도록 하려고 증인에게 "당신, 용의자를 만나보고 키가 커서 깜짝 놀랐죠?"라고 물을 경우, 증인이 '예'나 '아니오' 어떤 대답을 하든, 그는 감추어진 질문(용의자를 만났는지 여부)에 대해 묻는 이가 기대(가정)하고 있는 대답을 승인하거나 긍정하는 결과를 낳게 된다. '예'라고 대답하면, 당연히 만난 사실을 인정하는 것이고, 아니라고 대답해도 심문관은 "그러니까, 별로 놀라진 않았지만 만난 것은 사실이군요."라는 결론을 내릴 것이기 때문이다.

그러나 이 경우, 심문관은 증인의 대답이 '예'든 '아니오'든 상관없이, 그가 용의자를 만났다는 것을 미리 가정하고 있기 때문에 오류를 범하는 것이다. 이런 오류를 피하려면 이처럼 복합질문을 단순질문으로 나누어서 묻고 대답해야 한다. "당신, 용의자를 만난 적 있지요?" 그리고 "당신이 용의자를 만났을 때 그의 키가 커서 깜짝 놀랐죠?"

4. 다음의 추론이 어떤 오류를 범하고 있는지 설명하라.

① 당신의 그 천인 공로할 만행에 대해 그에게 사과했습니까?

_____

_____

_____

② 뇌물로 받은 돈을 부인 계좌로 입금했나요?

_____

_____

_____

3) 거짓 이분법의 오류

논리어 '또는'에 의해 연결된 빈사(賓辭)를 선언지(選言肢)라고 하고 선언지를 포함하는 명제를 선언명제라고 하는데, 거짓 이분법의 오류는 선언지가 2개인 거짓의 선언명제를 전제로 하여, 그 두 선언지 가운데 하나만을 선택해야 한다는 결론을 내릴 때 범하는 오류이다. 실제로는 선언지가 3개 이상임에도 불구하고 단지 2개만을 고려하기 때문에 이런 오류에 빠지게 되는 것이다. 의사가 애주가에게 술을 끊게 하려고, "술을 끊거나 못하겠거든 목숨을 버려야 한다."고 말했다고 하자. 이 말을 논증으로 재구성하면, '술을 끊어서 명대로 살거나, 술을 계속 마시다가 곧 죽어버리는 두 가지 가능성밖에는 없기 때문에, 바로 죽고 싶지 않으면 술을 끊어야 한다.'가 될 것이다. 그러나 이 논증은, 애주가에게 가능한 선택지가 이 두 선언지밖에 없다는 부당한 가정을 전제하기 때문에 오류를 범한다.

5. 다음의 추론이 어떤 오류를 범하고 있는지 설명하라.

① 영희 씨! 저와 결혼해주시거나 아니면 평생을 노처녀로 사십시오!

_____

_____

_____

② "전투에 실패한 지휘관은 용서할 수 있지만, 경계에 실패한 지휘관은 용서할 수 없다."는 말이 있습니다. 그런데 이 정권은 그동안 얼마나 경계를 소홀히 했습니까? 북 잠수정 활동에 대한 정보 분석 부족으로 천안함 폭침 사건을 유발하더니, 이 번에는 귀순병이 철책 3개를 넘어 경비대 내무반으로 갔다가 GOP 내무반 문을 두드릴 때까지 아무도 몰랐습니다. 이 사람은 과거 오랫동안 군에서 경비대장을 지낸 사람입니다. 여러분! 북한군 특수부대가 불시에 침투하여 서울이 불바다가 되는 꼴을 보지 않으시려거든 이번 대선에서 이 사람을 선택하실 수밖에 없을 것입니다.

_____

_____

_____

4) 연쇄반응의 오류

연쇄반응의 오류는 어떤 방책을 허용하거나 불허하면 그에 관한 어떤 해로운 일들이 발생하리라는 순전히 주관적인 가정을 전제로 하여, 그 방책을 허용해야 한다거나 또는 불허해야 한다는 결론을 이끌어낼 때 발생하는 오류이다. 어른이 타이르거나 야단을 치려 들면 곧장 말대답을 하는 버릇이 든 어린 아들에 대해 어머니가 "저 녀석이 부모에게 말대답하는 것을 그냥 두면, 학교에 가서 선생님께도 함부로 대들 것이고, 군대에 가면 고분고분하지 않다고 선임병들이 미워할 것이고, 제대 후 직장에서도 무례하다고 상사들의 눈 밖에 날 것이다. 그러니 그 버릇을 당장 고쳐야 한다."고 주장한다면, 그녀는 연쇄반응의 오류를 범했다고 할 수 있다. 왜냐하면 어머니는 자기 아들이 말대답하는 버릇 때문에 앞으로 속하게 될 여러 조직 내에서 상급자들로부터 계속해서 어려움을 겪을 것임을 근거 없이 가정하고 있기 때문이다.

6. 다음의 추론이 어떤 오류를 범하고 있는지 설명하라.

① 너 오늘 저녁에 술자리 약속이 있다고 했지? 그거 당장 취소해. 거기 가면 넌 보나마나 늦은 시간까지 취하도록 마시게 될 것이고, 그렇게 되면 내일 아침 늦잠을 자서 수업에 출석하지 못할 것이 뻔해.

_____

_____

_____

② 간통죄는 마땅히 존치되어야 한다. 간통죄가 폐지되는 상황은 상상만 해도 끔찍하다. 특히 남성들의 불륜행각이 더욱 성행할 것이고 그렇게 된다면 우리는 가정파괴의 비극을 더 자주 목도하게 될 것이다.

_____

_____

_____

다음의 추론이 어떤 오류를 범하고 있는지 밝히라.

① 아무리 생각해도 그가 요번에 쓴 시는 완벽한 걸작이다. 그 시의 문장 하나하나를 면밀히 살펴보라! 어떤 흠을 잡을 수 있겠는가?

_____

_____

② 그 나라의 여성들은 여전히 정치에 참여할 권리를 지니지 않는다는 것이 엄연한 사실이며, 누구든 어떤 행동에 대한 권리를 지니지 않는다면 그 행동은 윤리적으로 용납될 수 없음도 너무나 당연하다. 그러므로 그 나라의 여성들은 정치에 참여해서는 안 된다.

_____

_____

_____

③ 우리의 모든 의지 작용도 원인을 지니므로 자연현상과 마찬가지로 인간의 의지 역시 자유롭지 못하며 미리 결정된다.

_____

_____

④ 요즈음 문신을 하는 젊은이들이 많아졌지만 이는 죄악이다. 타인의 신체를 손상하는 행위는 물론이고 자신의 신체를 훼손하는 자해행위 역시도 악행이기 때문이다.

_____

_____

⑤ 이번에 결성된 우리 회사 사내 밴드가 내일 드디어 첫 콘서트를 갖습니다. 사원 여러분 모두 큰 기대를 가지셔도 좋을 것 같은데요……. 멤버들 모두 오랜 시간 아마추어 밴드 활동을 한 경력이 있다고 하는군요. 그 경력을 바탕으로 현재 그들 모두 프로 뮤지션 못지않은 훌륭한 연주력을 지녔다고 합니다.

_____

_____

_____

⑥ 많이 안다는 것! 풍부한 지식을 갖는다는 것! 그것은 삶을 잘 사는 데 필요한 힘을 지님을 의미한다. 반면 모든 힘은 그 본성상 남용되어 타인을 억압하는 데 쓰이기 쉬운데, 이는 역사가 잘 말해준다. 전체의 이익을 명분으로 백성을 핍박한 통치자가 동서고금을 막론하여 부지기수이다. 그렇기에 많이 안다는 것은 타인을 억압하기 쉽다는 것을 함축한다.

_____

_____

_____

⑦ 그는 지능이 낮거나 불성실하다. 왜냐하면 그가 그런 부조리한 제안을 내놓았기 때문이다. 하지만 그가 지능이 낮다고 보긴 어렵기에 그는 불성실한 사람임에 틀림없다.

_____

_____

⑧ 나는 베토벤의 운명 교향곡 3악장을 즐겨 듣는데, 너도 그것을 좋아하리라 믿어. 운명 교향곡을 좋아하지 않을 사람은 없으니까.

_____

_____

_____

⑨ 당신은 그날 이상한 비행물체가 강남대로 상공에서 지나가는 것을 보았다고 하셨습니다. 당신이 그날 본 UFO는 어떤 모양이었나요?

_____

_____

_____

⑩ 기자　　　 : 이외수 선생의 신작에 대해 어떻게 평하시지요?

문학평론가 : 너무나 훌륭한 작품입니다.

기자　　　 : 왜 그렇게 평가하시죠?

문학평론가 : 어떤 책이든 대한민국을 대표하는 지식인들이 추천한다면 일단 그 책은 좋은 책 아닙니까? 그런데 요번에 출판된 그의 소설은 그러한 사람들이 이구동성 추천할 것으로 보입니다.

기자　　　 : 어떻게 그런 예상을 하십니까?

문학평론가 : 그의 책이 훌륭하니까요.

_____

_____

_____

_____

⑪ 맨체스터 유나이티드가 루니, 긱스, 스콜스 등 세계 최고의 선수들로만 구성되어 있다는 사실만으로도 우리는 그 팀이 최고의 구단이라는 것을 쉽게 알 수 있다.

_____

_____

_____

⑫ 교수님께서 제게 D+를 주셨는데요……. 학점을 상향 조정해주시지 않는다면 앞으로의 제 인생이 불행해집니다. 4학년이라 재수강도 못해서 그 학점이 성적표에 계속 오점으로 남겠죠. 그러면 요즘 같은 취업난에 원하는 직장에 취직도 못하게 되고 대학원조차 못 가게 됩니다. 부디 선처를 부탁드립니다.

_____

_____

_____

⑬ 오늘 철학 수업은 정신 바짝 차리고 들어야 할 것 같다. 왜냐하면 오늘 교수님께서 칸트의 몇 가지 주장들을 설명해주신다고 하셨는데, 그 어느 때보다도 어려운 내용이 될 것 같아. 이구동성으로 칸트의 철학 체계가 무척 심오하면서도 난해하다고 말하는 걸 보면…….

_____

_____

_____

⑭ 형사님, 그 사건을 오랫동안 수사하시고 결국 이 씨를 검찰에 기소하셨다고 들었습니다만, 그가 살인을 하고 시신을 야산에 유기하였다는 것이 확실합니까?

_____

_____

_____

⑮ 베푸는 삶은 행복이다. 그런데 행복은 무엇을 의미하는가? 행복은 정의상 즐거움, 만족감, 유쾌함 등 좋은 기분이나 느낌들의 총합이 큰 경우라고 할 수 있다. 고로 베푸는 삶은 쾌락들의 총합이 큰 것이다.

⑯ 사후 피임약을 의사의 처방을 통해서만 구할 수 있게 하는 현행 제도는 계속 유지되어야 하는데 그 이유는 명백하다. 사후 피임약을 손쉽게 얻게 된다면, 우리 젊은이들이 성적으로 더욱 문란해질 것이 불 보듯 뻔하다!

⑰ 세상만사가 자연법칙에 철저히 종속되기 때문에, 기적은 존재하지 않는다.

⑱ 수근이가 약속대로 돈을 갚을 것이니 걱정하지 마. 무엇보다 그는 정직한 사람이야. 왜냐하면 병만이는 수근이가 정직하다고 늘 이야기하고 병만이는 정직한 친구이기 때문이지. 병만이가 정직한지는 어떻게 아냐고? 수근이가 그렇대.

⑲ 당신의 그 선택은 옳았습니다. 왜냐하면 결과적으로 그 선택이 모두를 가장 행복하게 만들었으니까요.

_____

_____

_____

⑳ 지금까지 그의 행적을 보면, 그는 우파 인사가 분명하다. 그러므로 좌파에 대한 국민의 인기가 땅에 떨어진 지금 그를 대선후보로 추대한 것은 올바른 선택이다.

_____

_____

_____

8

추론의 규칙 I:
연언추론, 단순화추론, 첨가추론

1. 연언추론과 단순화추론

앞의 장에서 설명했듯, 전제로부터 결론을 이끌어내는 것이 추론인데 연역추론에는 추론의 타당성을 보장하는 추론규칙들[1]이 있다. 그 첫 번째로 연언추론의 규칙을 살펴보자. 종수는 지갑을 잃어버린 두 동생 갑수와 대수의 지갑을 자기 집 안방에서 발견하고, 외출 중인 갑수에게 휴대전화 문자로 2개의 메시지, '대수의 지갑은 안방에 있다.'(P1)와 '갑수의 지갑은 안방에 있다.'(P2)를 보냈다. 이 메시지를 확인한 갑수는 다른 곳에 있는 동생 대수에게 역시 휴대전화 문자로 '네 지갑과 내 지갑 모두 안방에 있다.'(P1이고 P2이다)고 알려주었다. 이때 갑수는 (P1)과 (P2)로부터 〔(P1) and (P2)〕를 추론했다고 볼 수 있다.

(P1) 대수의 지갑은 안방에 있다.
(P2) 갑수의 지갑은 안방에 있다.

─────────────────────────────

〔(P1) and (P2)〕 대수의 지갑과 갑수의 지갑은 (모두) 안방에 있다.

이러한 추론은 전제가 참이면 결론이 반드시 참인, 타당한 연역추론인데, 전제의 명제들을 붙여 이음으로써 결론이 형성된다는 점에서, 연언추론이라고 불린다.

이번에는 '대수 지갑과 네 지갑은 (모두) 안방에 있다.'는 종수의 메시지를 받은 갑수가 대수에게 '너(대수)의 지갑은 안방에 있다.'고 알

─────────────────────────────

1) 이 장과 9, 10장에서 다루는 추론의 규칙들은 12장에서 다루는 교체의 법칙들과 더불어 연역의 기본 원리를 구성한다.

려주는 경우를 생각해 보자.

[(P1) and (P2)] 대수의 지갑과 갑수의 지갑은 (모두) 안방에 있다.

(P1) 대수의 지갑은 안방에 있다.

이 경우 갑수는 그 2개의 지갑이 안방에 있다는 전제에서 그중 하나가 안방에 있다는 명제를 이끌어냈으므로, 전제가 참이면서 결론이 거짓일 수는 없고, 따라서 그의 추론은 타당하다. 이런 추론은, 전제의 일부를 제거하여 간략하게 함으로써 결론이 형성된다는 점에서, '단순화추론'이라고 불린다. 그러나 주의할 점은, 만약 거꾸로 (P1)에서 〔(P1) and (P2)〕로 추론한다면, 그 추론은 타당하지 않다는 것이다. 왜냐하면 설사 전제 (P1)가 참이라 하더라도 결론 〔(P1) and (P2)〕가 거짓일 가능성이 있기 때문이다.

1. 다음 추론은 어떤 추론의 규칙에 의거하여 타당한지를 밝히라.

① 그리스는 EU에 속한 국가이다. 이탈리아 또한 EU 국가들 중 하나이다. 그러므로 그리스와 이탈리아 모두는 EU 국가들이다.

_____

_____

② 라이온즈는 한국시리즈에 진출할 것이다. 오늘자 스포츠 신문에서 와이번즈와 라이온즈가 한국시리즈에 진출할 것이라고 보도했다.

_____

_____

2. 첨가추론

끝으로, 갑수가 '대수의 지갑은 안방에 있다.'는 메시지를 받고, 대수에게 '너(대수)의 지갑 또는 나(갑수)의 지갑이 안방에 있다.'는 결론을 내리는 경우를 상정해보자. 이 경우 전제가 참인데 결론이 거짓인 상황, 즉 대수의 지갑이 안방에 있는 동시에 대수의 지갑도 갑수의 지갑도 안방에 없는 상황은 생각할 수 없으므로, 이 추론은 타당하다. 이런 추론은 결론에서 전제 이외의 명제가 선언적으로 첨가된다 하여, 첨가추론이라고 불린다. 첨가추론의 결론은 전제명제와 그밖의 임의의 명제를 선언지로 하는 선언명제이다. 다시 말해, 결론에서 전제명제에 그 어떤 명제를 선언적으로 덧붙이더라도 그 추론은 타당하다. 그러나 첨가추론의 전제와 결론을 바꾸어 추론하면 타당성은 사라진다. (P1)은 〔(P1) or (P2)〕에 포함되므로 (P1)은 반드시 〔(P1) or (P2)〕가 되지만, 〔(P1) or (P2)〕는 (P1)이 될 수 없기 때문이다.

2. 다음 추론은 어떤 추론의 규칙에 의거하여 타당한지를 밝히라.

그가 방글라데시 출신이거나 파키스탄 출신이라는 기존의 언론보도는 참이라고
할 수 있다. 왜냐하면 적어도 그가 방글라데시 출신이라는 사실은 확인되었기 때문
이다.

_____

_____

종합문제

다음의 지문들 각각이 표현하는 연역추론이 타당한지 부당한지를 평가하라. 만약 타당하다면 어떤 추론규칙에 의거하여 그러한지를 설명하라.

① 김 씨나 이 씨가 범행에 연루되었다는 언론보도는 오보가 아닌 것으로 판명되었다. 왜냐하면 적어도 김 씨가 범인이라는 사실은 확인되었기 때문이다.

_____

_____

② 한 대북 전문가의 예측에 따르면 북한은 대남강경노선을 계속 유지할 것이고 핵무기 개발을 멈추지 않을 것이다. 고로 북한은 핵무기 개발을 지속할 것이 분명하다.

_____

_____

③ 기상청의 일기예보로 미루어보아, 내일 날씨는 매우 추울 것이며 비가 오거나 눈이 내릴 것으로 예상된다. 그러므로 내일 비가 올 것이다.

_____

_____

④ 몇몇 목격자들의 증언에 의해 그가 그날 아침 일찍 집을 나섰다는 것이 확인되었다. 그리고 CCTV를 분석한 결과 그가 자정을 넘어서야 귀가하였다는 사실을 알 수 있었다. 그러므로 그는 그날 아침 집을 나서 밤늦게 귀가하였다.

_____

_____

⑤ 한국 사람들은 근면하다. 고로 한국인은 근면 성실한 민족이라고 할 수 있다.

_____

_____

추론의 규칙 II:
전건긍정추론, 후건부정추론, 가언삼단추론

1. 전건긍정추론

1) 전건긍정추론

'만약 …라면, …이다.'의 형태로 된 명제를 조건명제나 함언명제 또는 가언명제라고 한다. 가언명제에서, '만약'과 '라면' 사이의 부분을 전건이라고 하고 '라면'과 '이다.' 사이의 부분은 후건이라고 한다. 예를 들어, 가언명제 '만약 누렁이가 개라면, 누렁이는 포유동물이다.'에서 '누렁이는 개다.'는 전건(명제)이고, '누렁이는 포유동물이다.'는 후건(명제)이다.

전건긍정추론은 가언명제(조건명제)를 대전제로 하고, 그 조건명제의 전건은 소전제 그리고 후건은 결론으로 하는 추론이다. 이러한 추론의 형식을 도식적으로 표현하자면 다음과 같다.

> 만일 p라면 (그러면) q이다.
> p이다.
> ─────────────────
> ∴ q이다.

그리고 다음 추론은 이 형식에 부합하므로 전건긍정추론의 한 사례로 볼 수 있다.

> 만일 내가 청소를 한다면 (그러면) 어머니는 내게 돈을 주신다.
> 나는 오늘 청소를 했다.
> 그러므로 어머니는 오늘 내게 돈을 주실 것이다.

2) 전건부정의 오류

간혹 추론의 규칙을 잘 알지 못하여 그 구조에 어긋나게 추론하는 경우가 있는데, 이럴 경우 우리는 (형식적) 오류를 범했다고 말한다. 예를 들어, 위의 추론 대신, '내가 청소를 하면, 어머니는 돈을 주신다. 그런데 나는 오늘 청소를 하지 않았으므로 어머니로부터 돈을 받지 못할 것이다.'라고 추론한다면 그 추론은 바르지 못하다. 왜냐하면 청소를 하지 않고도 다른 이유로, 예를 들면 학교 시험에서 100점을 받았기 때문에, 어머니에게서 돈을 받을 수도 있기 때문이다. 이 경우 전건부정의 오류를 범했다고 하는데, 이 오류는 이렇게 형식화된다.

만일 p라면 (그러면) q이다.
p가 아니다.
——————————————
∴ q가 아니다.

연습문제

1. 다음의 추론이 타당한지 아닌지 판단하라. (타당하거나 부당하거나 간에 모두 그 근거를 밝히라.)

① 화무십일홍(花無十日紅)이라고 했다. 강대국 미국의 영화(榮華)가 1세기를 훨씬 넘겼다. 그러니 미국도 머지않아 쇠퇴의 길로 접어들 것이다.

_____

_____

② 모든 영웅호걸은 술을 좋아한다. 그런데 나는 술을 좋아한다. 그러므로 나는 영웅호걸임이 분명하다.

_____

_____

2. 후건부정추론

1) 후건부정추론

후건부정추론은 조건명제를 대전제로 하고, 그 조건명제의 후건의 부정을 소전제로 그리고 전건의 부정을 결론으로 하는 추론으로서, 다음과 같이 형식화된다.

> 만일 p라면 (그러면) q이다.
> q가 아니다.
> ─────────────
> ∴ p가 아니다.

2) 후건긍정의 오류

위의 추론 대신, '만약 그가 (우산이나 우비 없이) 비를 맞았다면, 옷이 젖었을 텐데, 실제로 그의 옷은 젖어 있다. 그러므로 그는 비를 맞았다.'고 추론한다면 그것은 오류를 범하는 추론이다. 왜냐하면 비를 맞지 않고도 얼마든지 옷이 젖을 수 있기 때문이다. 이런 오류를 후건긍정의 오류라고 한다. 그리고 이것은 다음과 같이 형식화된다.

> 만일 p라면 (그러면) q이다.
> q이다.
> ─────────────
> ∴ p이다.

3) 귀류추론[1]

$\sqrt{2}$가 무리수라는 다음과 같은 증명은 귀류추론을 잘 보여주기 때문에 그 전형적인 예로서 자주 인용된다.

$\sqrt{2}$는 제곱한 값이 영(0)보다 크므로 실수이다. 실수는 유리수와 무리수로 구성되어 있으니, $\sqrt{2}$는 유리수 아니면 무리수이다. 이제 $\sqrt{2}$는 무리수라는 명제에 대한 부정, 즉 $\sqrt{2}$는 무리수가 아님을 가정한다. 실수인 $\sqrt{2}$가 무리수가 아니라면 유리수일 수밖에 없다. 그것이 유리수라면, 그것은

$$\sqrt{2} = \frac{a}{b} \ (a, b\text{는 서로소인 자연수}) \qquad \cdots\cdots ①$$

와 같이 기약분수로 나타낼 수 있다.

①의 양변을 제곱하면 $2 = \dfrac{a^2}{b^2}$, 즉 $a^2 = 2b^2$ $\qquad \cdots\cdots ②$

여기서 a^2은 짝수이므로 a도 짝수여야 한다.

따라서, $a = 2k(k$는 자연수)라 놓으면 ②는

$$(2k)^2 = 2b^2, \ \text{즉} \ b^2 = 2k^2 \qquad \cdots\cdots ③$$

그런데 ③에서 b^2은 짝수이므로 b도 짝수이어야 한다.

이것은 a, b가 서로소라는 가정에 모순이고 이 모순은 $\sqrt{2}$는 유리수라는 가정이 틀렸음을 보여준다. 그러므로 $\sqrt{2}$는 유리수가 아니다. 즉, 그것은 무리수이다.

이 증명에서 보듯, 귀류논법은 논증하고자 하는 결론의 부정을 가정하여 전제로 세우고, 부속연역을 통해 모순을 이끌어낸 다음, 그것

―――――――――

[1] 귀류추론은 후건부정추론의 일종이기 때문에 귀류추론법은 독자적인 추론규칙으로 다루지 않는다.

을 근거로 그 가정이 틀렸고 따라서 문제의 결론이 정당하다고 추론하는 방법이다.

그런데 이러한 귀류추론은 사실상 후건부정추론을 활용한 것이다. 위의 논증[2]은, 만약 $\sqrt{2}$ 가 서로소인 a와 b를 각각 분자와 분모로 하는 분수라는 전제가 참이라면, 그 이하의 연역(부속연역) 과정에서 실수가 없는 한, a와 b가 모두 짝수라는 결론 역시 참이라야 하는데, 그 결론은 거짓이고 따라서 그 전제 역시 거짓이라고 추론한다. 그런데 이런 추론은 다음과 같은 후건부정추론이다.

만일 부속연역의 전제가 옳다면 부속연역의 결론이 옳다.
(즉, 부속 연역이 타당하다.)
부속연역의 결론이 옳지 않다.

∴ 부속연역의 전제(가정)가 옳지 않다.

---

2) 증명의 구조가 논증과 같기 때문에, 여기서는 '증명'과 '논증'을 혼용한다.

2. 다음의 추론이 타당한지 아닌지 판단하라. (타당하거나 부당하거나 간에 모두 그 근거를 밝히라.)

① 누구든 만약 (우산이나 우비 없이) 비를 맞는다면, 옷이 젖는다. 그런데 철수의 옷은 젖어 있지 않다. 그러므로 철수는 비를 맞지 않았다.

_____

_____

② 만일 그가 백범선생을 살해했다면, 그는 역사의 죄인이다. 그러나 그는 백범을 살해하지 않았다. 그러므로 그는 역사의 죄인이 아니다.

_____

_____

③ 보통 사전에 호랑이는 "고양잇과의 포유류. 몸의 길이는 2미터 정도이며, 등은 누런 갈색이고 검은 가로무늬가 있으며 배는 흰색이다."로 정의되어 있다. 그러나 온몸이 온통 흰색인 백호의 존재는 이 정의가 틀렸음을 잘 보여준다.

_____

_____

④ 다음의 정리를 귀류논법으로 증명하라. (이때 평행선의 공리, 즉 '평면상의 한 직선 밖의 한 점을 지나서 그 직선과 평행인 직선은 하나이고 단 하나뿐이다.'를 사용하라.) 평면상의 세 직선 a, b, c가 있어서 a와 b는 평행이고, c가 a와 만나면 c는 b와도 만난다.

_____

_____

3. 가언삼단추론

2개의 전제가 모두 가언명제이고, 그중 한 전제의 후건명제와 다른 전제의 전건명제가 동일하면, 이 두 전제로부터, 그 동일한 명제를 후건으로 지닌 전제의 전건과 그것을 전건으로 지닌 전제의 후건을 각각 전건과 후건으로 하는 가언명제가 추론되는데, 이러한 형태의 추론을 가언삼단추론이라고 한다. 이것은 다음과 같이 형식화된다.

만일 p라면 (그러면) q이다.
만일 q라면 (그러면) s이다.
_____
∴ 만일 p라면 s이다.

3. 다음의 추론이 타당한지 아닌지 판단하라. (타당하거나 부당하거나 간에 모두 그 근거를 밝히라.)

① 독도의 소재지가 울릉군이라면, 독도는 경상북도에 속한다. 그리고 독도가 경상북도에 속한다면 그것은 대한민국의 영토이다. 그러므로 만약 독도의 소재지가 울릉군이라면, 독도는 대한민국의 영토이다.

_____

_____

② 닭아, 닭아, 우지 마라. 네가 울면 날이 새고, 날이 새면 나 죽는다.

_____

_____

다음에 제시되는 추론들 각각이 타당한지 부당한지를 밝히라. 만약 타당하다면 어떤 추론규칙에 의거하여 그러한지를 말하고 부당하다면 어떤 형식적 오류를 범하는지를 지적하라.

① 만약 그가 당선된다면 대북 강경노선은 유지될 것이다. 그런데 대북 강경노선이 유지된다면 남북 간의 긴장관계가 지속될 것이다. 따라서 그의 당선은 곧 남북 긴장의 지속을 의미한다.

_____

_____

② 당신이 정의하는 바대로의 '신'이 존재한다고 가정해보자. 만일 그렇다면 신은 (그 본성상 자비롭기에) 그들을 매우 가엾게 여겼을 것이다. 그리고 신이 만약 그들을 가엾게 여겼다면 신은 그들에게 내려지는 어떤 재앙도 막으려 했을 것이다. 그리고 신이 그들에게 내려지는 재앙을 막으려고 했다면 (그 본성상 무한한 능력을 지녔기에) 최근에 그들에게 닥친 대지진도 막았을 것이다. 하지만 그들은 대지진을 겪었다. 그러므로 신은 존재하지 않는다.

_____

_____

③ 만약 그가 취한 상태에 있지 않았다면, 그런 황당한 말을 내뱉지 않았을 것이다. 하지만 그가 그런 황당한 말을 내뱉은 것으로 보아 그가 취한 상태에 있었다고 볼 수 있다.

_____

_____

④ 이 제품이 만약 삼성전자에서 만들어지지 않은 것이라면 그것은 고급이라 할 수 없다. 그런데 이 제품은 삼성전자에서 만들어졌다. 그러므로 그 제품은 고급이라 할 수 있다.

_____

_____

⑤ 만일 현 정권이 정의롭지 못하고 민주주의를 심각하게 후퇴시키고 있으며 국민의 기본적인 인간적 삶을 보장하지 못한다면 그것은 교체되어야 함이 마땅하다. 그렇다면 현 정권의 모습은 어떠한가? 정의와 공정을 부르짖고 있음에도 불구하고 그것은 실제적으로 만연한 부정의를 감추기 위한 술책에 불과하다. 아울러 현 정권은 이전까지 점진적으로 발전하고 있던 이 나라의 민주주의를 급격하게 후퇴시켰다. 언론은 독재정권 시절을 연상케 할 정도로 통제되고 있으며 개인의 정치적 자유는 권력에 의해 암암리에 제한되고 있다. 마지막으로, 재벌과 같은 경제적 기득권 세력의 이익을 우선시한 경제정책을 펴고 사회적 복지를 등한시하여 서민, 중산층 등 대다수 국민들의 삶은 여전히 도탄에 빠져 있다. 결국 건전한 시민의식을 가지고 있는 국민들이라면 현 정권의 교체 필요성에 어렵지 않게 동의할 수 있을 것이다. 그렇다면 우리가 지닌 정권 교체의 유일한 방법은 무엇인가? 당연히 선거에 참여하는 것이다. 그러므로 우리는 선거에 적극적으로 참여해 이 정권을 심판해야 한다.

_____

_____

_____

⑥ 네가 그 계약을 체결한 상황이라면 그것이 너에게 불리할지언정 너는 그것을 지켜야 한다. 그런데 이미 너는 그 계약을 맺지 않았는가? 결국 너는 마땅히 그것을 지켜야 한다.

_____

_____

⑦ '공리주의'가 옳다고 가정해보자. 그렇다면 우리는 어떤 주어진 상황에서든 공익을 극대화하는 행위를 무조건 해야 한다. 만일 이 말이 맞다면, 무고한 사람을 죽여서 '공익'을 극대화할 수 있을 경우 당신은 그러한 행위를 해야 한다. 그러나 이것은 받아들여질 수 있는가? 당신이 무고한 사람의 생명을 빼앗음으로써 공익의 극대화가 되는 상황에 처해 있을지언정 그러한 행위를 해서는 안 된다는 것은 지극히 상식적일 뿐 아니라 자명하다. 그러므로 (얼핏 그럴듯해 보일지라도) 공리주의는 잘못된 윤리학설이다.

_____

_____

_____

⑧ 앞서 나는 내 자신이 생각하는 실체임을 밝혔기에 그것을 확실한 지식의 출발점으로 삼을 수 있다. 우선 나는 내가 사유적인 실체로서 존재한다는 이 의심할 수 없는 사실로부터 나 자신이 물질적 속성을 가진 존재가 아니며 복잡한 물질적 속성들을 지닌 실체로서의 나의 몸과 결코 동일시될 수 없는 존재라는 것을 알 수 있다. 왜냐하면 내가 만약 사유적 실체라면 나는 결코 물리적 속성을 지닐 수 없고 그것이 동시에 물리적 실체일 수 없기 때문이다.

_____

_____

_____

⑨ 그가 만약 범인이라면 경찰의 불심검문에서 매우 당황하였을 것이다. 하지만 그는 너무나 태연하게 경찰의 검문에 응하였고 당황한 기색은 전혀 보이지 않았다. 그러므로 그는 범인이 아니다.

_____

_____

⑩ 만약 앞서 제시한 이른바 '평등한 자유의 원칙'과 '차등의 원칙'이 자유롭고 이성적인 모든 사회 구성원이 '무지의 베일' 속에서 채택할 원리라면 그것들은 정의로운 사회적 원칙이 될 수 있다. 그런데 '평등한 자유의 원칙'과 '차등의 원칙'은 모든 사회 성원이 그러한 조건에서 채택할 원리라고 할 수 있고 바로 이런 이유 때문에 우리는 이 두 원칙을 정의로운 사회적 원칙으로 간주할 수 있다. 또한 한 사회가 정의로운 원칙들을 실현하는 사회, 이러한 원칙들에 일치하여 작동하는 사회라면 그 사회는 비로소 정의롭다 할 수 있는바, 우리는 평등한 자유의 원칙과 차등의 원칙에 일치하는 사회를 정의로운 사회라고 할 수 있다.

⑪ 만일 이성적인 것, 즉 믿음이나 판단이 그것 자체만으로 어떤 행위의 원인이 된다면 믿음이나 판단은 그것 자체만으로 어떤 행위의 직접적인 조건이 되거나 간접적인 조건이 될 수 있다. 하지만 첫 번째로, 믿음이나 판단은 그 자체만으로 어떤 행위의 직접적 근거(충분조건)가 될 수 없다. 행위의 직접적인 근거는 항상 정서의 일종인 어떤 '욕구'(예컨대 그 행위에 대한 욕구 혹은 그 행위가 산출하리라 여겨지는 어떤 대상에 대한 욕구)를 포함하며 욕구는 믿음이나 판단과는 구별되는 것이기 때문이다. 둘째로 믿음이나 판단은 그것만으로 행위의 직접적 필요조건으로서의 '욕구'를 산출할 능력을 지니고 있지 않기에, 그것 자체만으로는 어떤 행위의 간접적 조건조차 될 수 없다고 할 수 있다. 결국, 믿음이나 판단은 그 자체만으로 어떤 행위의 원인일 수 없고, 그것은 반드시 욕구와 짝지워질 때만 행위를 산출해낼 수 있다. 아울러 믿음이나 판단이 그것만으로 행위를 산출할 수 없다는 위의 사실로부터 우리는 더 나아가 '이성'은 그 자체만으로 어떤 행위의 원인일 수 없다는 결론에 도달할 수 있다.

⑫ 만약 그녀가 그를 이성으로서 좋아한다면 그날 밤 전화를 하여 그의 안부를 물었을 것이다. 그녀는 그날 밤 굳이 전화를 해서 그의 안부를 물었다. 그러므로 그녀가 그를 이성으로서 좋아한다고 할 수 있다.

_____

_____

⑬ 이른바 '가치'의 판단이 자연적 속성들을 나타내는 용어들로 번역 가능한가? 만약 'X가 Y에게 좋다'는 것이 단지 'Y는 X를 원한다'거나 'Y가 X를 좋아한다'는 것을 의미할 뿐이라면 'Y가 X를 욕구함에도 X는 Y에게 좋지 않다'는 판단이 자기모순이 되고 필연적으로 거짓이 된다. 하지만 과연 그러한가? 누군가가 무언가를 욕구함에도 그것이 좋지 않다는 것은 결코 자기모순이 아닐뿐더러 충분히 참일 수 있다. 그러므로 무언가가 누구에게 좋다는 것은 무언가를 좋아한다는 것을 의미하지는 않는다.

_____

_____

_____

⑭ 시민 단체가 재벌이나 정치적 기득권 세력으로부터 직간접적 지원을 얻는 것은 그들의 존재 이유를 상실하고 직무를 유기하는 것을 의미한다. 만약 그들이 재벌 등으로부터 원조를 얻는다고 생각해보라. 그들은 결국 그들의 횡포와 권력의 남용에 대해 적절한 비판을 가하기 어려울 것이며 그들을 견제하기 위한 활동들에 있어 큰 제한을 받을 것이다. 오히려 시민 단체의 사회 활동들 속에서 재벌이나 정치적 기득권 세력의 권력은 더욱 비대해질 수 있다.

_____

_____

_____

⑮ 만일 '물체' 혹은 '물리적 사물'이 존재한다는 것을 우리가 알 수 있다면 그것은 경험을 통해 직접적으로(비-추론적으로) 알려지거나 추론을 통해서 알려질 수 있을 것이다. 우선 우리는 우리 내부를 구성하는 어떤 경험을 통해서도 바로 물리적 사물의 존재를 직관할 수 없다. 우리의 이른바 감각/지각경험 조차도 그것과 독립하여 그것 이면에 존재하는 '물리적 사물'이 존재함을 바로 보여주지 않는다. 그것은 그저 그러한 감각 경험이 우리 내부에 있다는 사실만을 우리 자신에게 확실하게 보여줄 뿐이다. 더 나아가 우리는 어떤 정당한 추론을 통해서도 물체의 존재를 알 수 없다. 왜냐하면 경험적으로 입증된 어떤 명제들로부터도 물체의 존재 사실을 정당하게 추론해낼 수 없기 때문이다. 결국 우리는 물체의 존재를 알 수 없다.

---

⑯ 체벌이 교육적으로 필요하다는 것을 정당화하려면 그것이 문제 학생의 행동을 교정하는 데 비체벌적 방식들보다 더 큰 효과가 있다는 것을 보여주거나 다른 학생들의 일탈을 막는 데 상대적으로 더 큰 효과가 있다는 것을 입증해야 한다. 이제껏 대다수의 사람들은 체벌이 이 두 가지 면(문제 학생의 행동 수정, 다른 학생들의 일탈 방지)에서 우월한 효과를 지닌다고 굳게 믿었고 그 믿음들에 기초하여 체벌이 옳다고 주장한 것이 사실이다. 하지만 과연 이 믿음들은 옳은가? 결론만 말하자면 이 두 가지의 신념이 옳다는 것을 보여줄 만한 과학적 근거는 아직 없으며 오히려 체벌이 학생들의 행동을 교정하는 효과도, 그들의 일탈을 막는 효과도 지니지 않는다는 것을 보다 강하게 뒷받침하는 교육학적·심리학적·사회학적 연구 결과들이 있다. 그러므로 현재로서 체벌이 옳다는 입장은 이론적으로 정당화될 수 없다.

10

추론의 규칙 III:
선언삼단추론, 양도추론

1. 선언삼단추론

1) 선언삼단추론의 형식

선언삼단추론은 하나의 선언명제를 대전제로 삼고, 그 명제의 한 선언지를 긍정하거나 부정하는 정언명제를 소전제로 삼아서, 다른 선언지를 부정하거나 긍정하는 정언명제를 결론으로 이끌어내는 추론이다. 이것을 기호로 나타내면 다음과 같은 식이 된다.

(가)
p이거나 또는 q이다.
p이다.
──────────────
∴ q가 아니다.

(나)
p이거나 또는 q이다.
p가 아니다.
──────────────
∴ q이다.

각 식의 기호에 구체적인 명제를 대입하면 (가)와 (나)는 아래와 같은 추론이 될 수 있다.

(가′) 이번 미국 대선에서는 오바마가 이기거나 또는 롬니가 이길 것이다. 그런데 지금까지의 여론 조사를 보면, 오바마가 이길 것이다. 그러므로 롬니는 이기지 못할 것이다.

(나′) 집사 또는 하녀가 그를 살해했다.
그런데 집사는 그를 살해하지 않았다.
그러므로 하녀가 그를 살해했다.

2) 선언지 긍정의 오류

논법에 의거하여 추론할 때 주의해야 할 점은 논법이 정한 형식의 틀을 벗어나지 말아야 한다는 것이다. 논법을 잘못 적용하면 추론에 오류가 발생하기 때문이다. 선언지 긍정의 오류는 선언삼단논법을 바르게 사용하지 못했을 때 발생하는 오류이다. (나)의 형식에 맞추어 추론 (가′)를 다시 쓰면, 아래와 같이 타당한 추론 (나″)를 얻는다.

> (나″) 이번 미국 대선에서는 롬니가 이기거나 또는 오바마가 이길 것이다.
> 그런데 지금까지의 여론 조사를 보면, 롬니는 이기지 못할 것이다.
> 그러므로 오바마가 이길 것이다.

반면에 (가)의 형식으로 (나′)를 재구성하면 다음과 같은 추론 (가″)를 얻게 된다.

> (가″) 집사 또는 하녀가 그를 살해했다.
> 집중적인 수사로 집사가 그를 살해했다는 물증이 확보되었다.
> 그러므로 하녀는 그를 살해하지 않았다.

그러나 집사와 하녀가 함께 살인을 했을 수도 있기 때문에, 집사가 살인자로 밝혀졌다는 것을 근거로 하녀는 살인자가 아니라고 결론짓는 이 추론은 부당한 추론이다. (나)의 식은 선언삼단추론에 일반적으로 적용될 수 있는 반면, (가)의 식은 제한적으로만 적용된다. 만약 (가)의 식을 무제한적으로 사용하면 (가″)에서와 같은 오류를 범하게 될 것이다. (가)의 식은 (나)의 식과 달리 소전제에서 대전제의 선언지를 긍정하므로, 이런 오류는 '선언지 긍정의 오류'라고 불린다.

3) '또는'의 두 가지 의미

위에서 (가)의 식은 제한적으로 적용된다는 것을 알았다. 그렇다면 이 식은 어디에 적용되고, 어디에 적용되지 않는가? 이 질문은 이 식이 적용된 논증이 언제 타당하고 언제 부당한지를 묻는 것과 같다. 그러므로 이 물음은 (가)의 식이 적용되어 타당한 추론 (가′)와 부당한 추론 (가″)를 비교함으로써 대답될 수 있을 것이다.

(가′)와 (가″)를 면밀하게 비교해보면 (가′)에서 사용되는 '또는'의 의미와 (가″)에서 사용되는 '또는'의 의미가 서로 다르다는 것을 알 수 있다. (가′)의 선언명제에 등장하는 '또는'의 의미는 양자택일적인 것인데 반해, (가″)의 선언명제에 나오는 '또는'의 의미는 양자포함적이다. 대선에서 무승부란 있을 수 없기 때문에 '오바마가 이기거나 또는 롬니가 이긴다.'는 말은 두 사람 중 오직 한 사람만이 이길 수 있으며, 두 명이 동시에 이기는 일은 없다는 것을 뜻하는 반면, '집사 또는 하녀가 그를 살해했다'는 말은 집사와 하녀 두 사람이 함께 살인을 했을 가능성을 열어두고 있는 것이다.

'또는'에는 두 가지 의미가 있다. 그 하나는 '(대선에서) 이기거나 또는 진다.'에서처럼 '둘 중 하나'라는 의미이다. 한 사람이 동시에 서로 다른 두 장소에 있을 수 없고, 중성인 사람이 없으므로, '지금 집에 있거나 또는 학교에 있다.'나 '남자이거나 또는 여자이다.'의 '또는'은 모두 이런 의미로 사용된 것들이다. 이런 의미는 양자의 공존을 불허하고 서로 배척한다는 점에서, '배타적'(exclusive) 의미라고 불린다.

　'또는'의 또 다른 의미는 '집사 또는 하녀가 죽었다.'에서처럼 양자 포함적인 것이다. 복수전공이나 학사편입 등을 통해 2개 이상의 학과를 졸업하는 것이 가능하고, 술과 담배를 동시에 즐기는 사람이 많은 것을 볼 때, '논술선생으로 철학과 또는 국문과 졸업생을 초빙한다.'나 '상습적으로 술 마시거나 또는 담배 피우는 사람은 병에 걸릴 확률이 높다.'의 '또는'은 모두 포함적인 의미로 사용된 것들이다. 이런 의미는 양자의 포함을 허용한다는 점에서, '포함적'(inclusive) 의미라고 불린다.[1]

---

1) W. Salmon, *Logic* (2nd ed.), 45쪽 참조.

연습문제

1. **다음의 추론이 타당한지 아닌지 판단하라.** (타당하거나 부당하거나 간에 모두 그 근거를 밝히라.)

① 범인은 사기 또는 폭행 전과가 있는 자이다. 조사 결과, 범인은 사기 전과 3범으로 밝혀졌다. 이로써 우리는 그가 폭행죄를 지은 적이 없다는 것을 알 수 있었다.

_____

_____

② 감각/지각 경험의 원인이 될 수 있는 것은 나 자신이거나 나와 독립하여 존재하는 외부의 물리적 사물이거나 나를 초월한 다른 정신적 존재로서의 신이다. 그런데 나는 감각/지각의 원인이라 볼 수 없다. 내가 감각/지각 경험의 원인이 된다면 내가 의지만 할 경우 감각/지각 경험이 산출될 수 있을 텐데 결코 그렇지 않다. 두 번째 가능성은 감각/지각 경험이 이른바 '물체' 혹은 '물리적 사물'에 의해 초래된다는 것이고 이는 상당수의 사람들이 주장하는 바이기이도 하지만 이것 역시 거짓이다. 왜냐하면 앞서 밝혔듯이 '물체', 즉 비정신적 실체는 존재하지 않기 때문이다. '물체'란 부정적으로만 정의할 수 있는 무의미한 개념일 뿐이다. 이러한 이유로 우리는 감각경험의 원인이 (나를 초월한 다른 정신적 존재로서의) 신이라는 것을 알 수 있다.

_____

_____

_____

2. 양도추론

1) 양도추론의 형식

양도추론(Dilemma)은 대전제에서 2개의 가언명제를 연언으로 세우고, 소전제에서 이를 선언적으로 긍정 혹은 부정하여 결론을 이끌어내는 특수한 삼단추론이다. 이 추론형식을 기호화하면 다음과 같다.

(가)
(p이면, r이다) 그리고 (q이면, s이다)
p이거나 또는 q이다.
_____

∴ r이거나 s이다.

(나)
(p이면, r이다) 그리고 (q이면, s이다)
r이 아니거나 또는 s가 아니다.
_____

∴ p가 아니거나 또는 q가 아니다.

(가)는 전제의 선언명제가 연언으로 연결된 가언명제의 두 전건을 긍정하므로 긍정적 양도추론(constructive dilemma)으로, 그리고 (나)는 전제의 선언명제가 조건명제의 두 후건을 부정하므로 부정적 양도추론(destructive dilemma)으로 각각 불린다.

2) 양도추론과 그 결론의 불가피성

양도추론의 소전제는 두 선언지 명제에 포함되지 않는 제 삼의 명제가 존재하지 않도록 모든 경우를 망라하여야 한다. 만약 그렇지 못하면 소전제는 거짓이 된다. 공부하기 싫어하는 아이는 그 어떤 방법으로도 공부하게 만들 수 없다는 어느 학부모의 다음 추론은 소전제가 거짓인 양도추론의 한 예를 잘 보여준다.

아이들이 공부를 좋아하면 자극이 필요 없고, 공부를 싫어하면 자극도 소용없다. 그런데 아이들은 공부를 좋아하거나 싫어한다. 그러므로 (공부를 잘하게 하려는) 자극은 필요 없거나 소용없다.

이 추론의 소전제는 학생들은 자극이 필요하지 않을 정도로 공부를 좋아하는 부류와 아무리 강한 자극도 소용이 없을 만큼 공부를 싫어하는 부류로 이루어져 있다는 것이다. 그러나 학생들 중에는 자극이 없을 때는 놀다가 자극을 주면 공부하는 제 삼의 부류가 많기 때문에 그 두 부류만으로는 학생들을 모두 포괄하지는 못한다. 그러므로 이 추론은 비록 형식적으로는 타당하지만, 선언지 사이로 빠져나갈 틈이 있으므로, 결론은 어떤 경우에도 피할 수 없는 필연성을 갖지 못한다."[2]

대전제의 두 가언명제 가운데 하나만이라도 거짓일 경우, 마찬가지로 결론의 불가피성은 사라진다. 다음은 대전제가 거짓인 양도추론의 한 예이다.

우리는 거짓말이 나쁘다는 것을 알거나 또는 모른다. 우리는 거짓말이 나쁘다는 것을 알면 거짓말을 하지 않을 것이고, 나쁘다는 것을 모르면 거짓말을 하더라도 비난할 수 없다. 그러므로 우리는 거짓말을 하지 않거나 하더라도 비난받지 않는다.

거짓말이 나쁘다는 것을 알면서도 거짓말을 하는 사람들이 많다는 것만 보더라도, 이 추론의 대전제는 거짓이다. 따라서 이 추론은 비록

---

2) 이런 추론의 결론을 피하기 위해 소전제의 선언지 사이의 열린 틈을 지적하는 것을 "뿔 사이로 빠져나가기(going between the horns)"라고 한다. I. M. Copi, *Introduction to Logic* (6th ed.), 270쪽 참조.

타당하지만 그 결론이 불가피한 것은 아니다.[3]

양도추론은 위에서처럼 거짓인 전제를 취하여 사실적 근거를 잃기도 하지만, 반대 내용의 대전제 성립과 그로 인한 반대 결론을 허용함으로써 결론의 필연성을 상실할 수도 있다. 다음의 양도추론은 그런 경우에 속한다.

환율은 오르거나 또는 내린다. 환율이 오르면 수입은 감소하고 수출은 증가하여 무역흑자가 될 것이고, 환율이 내리면 수입물가가 하락하여 소비자 물가가 떨어질 것이다. 그러므로 장차 무역흑자가 계속되거나 소비자 물가가 떨어질 것이다.

이 추론의 대전제명제인 '환율이 오르면 수입은 감소하고 수출은 증가하여 무역흑자가 되고, 환율이 내리면 수입물가가 하락하여 소비자 물가가 떨어진다.'는 그 반대 명제, '환율이 오르면 수입물가가 상승하여 소비자 물가가 오르고, 환율이 내리면 수입은 증가하고 수출은 감소하여 무역적자가 된다.'와 양립 가능하다. 그러므로 이 추론은 다음과 같이, 결론이 반대인 반대추론을 허용할 수 있다.[4]

환율은 오르거나 또는 내린다. 환율이 오르면 수입물가가 상승하여 소비자 물가가 오를 것이고, 환율이 내리면 수입은 증가하고 수출은 감소하여 무역적자가 될 것이다. 그러므로 장차 무역적자가 계속되거나 소비자 물가가 오를 것이다.

---

3) 이런 추론의 결론을 피하기 위해 대전제가 거짓임을 지적하는 것을 "딜레마 뿔 잡기(grasp the dilemma by the horns)"라고 한다. 같은 곳 참조.

4) 같은 책, 270-272쪽 참조.

연 습 문 제

2. 다음 추론의 타당성을 평가하라.

① 배수의 진을 친 병사는 앞으로 나아가 적과 싸워 이기면 살아남을 수 있지만 뒤로 물러서면 필시 물에 빠져 죽는다. 이제 선택은 앞으로 나아가 싸우거나 뒤로 물러나 도망치는 것뿐이다. 그러므로 그 병사는 장차 개선하여 영광된 삶을 살거나, 아니면 도망병으로 물에 빠져 욕되게 죽을 것이다.

_____

_____

② 북한의 새로운 통치자는 개방을 택하거나 또는 택하지 않을 것이다. 만약 개방을 택한다면 경제가 발전할 것이고, 개방을 택하지 않는다면 체제가 안정될 것이다. 그러므로 향후 북한정권은 경제발전을 이루거나 체제 안정을 누릴 것이다.

_____

_____

③ 중동의 쟈스민 혁명은 독재자에게 빼앗긴 권력을 국민들에게 되돌려주거나 또는 되돌려주지 못할 것이다. 독재자를 타도하고 권력을 국민들에게 돌려준다면 커다란 혼란이 올 것이고, (또 다른 독재자의 집권으로) 권력을 국민들에게 되돌리지 못한다면 그것은 무용지물이 될 것이다. 그러므로 쟈스민 혁명은 혼란을 초래하거나 무용지물에 불과할 것이다.

_____

_____

다음의 추론들이 타당한지 부당한지를 밝히고 타당하다면 어떤 논법에 의거하여 그러한지를 설명하라.

① 김 선생은 중앙일보를 보거나 동아일보를 구독할 것이다. 그런데 그가 중앙일보를 구독하는 것으로 미루어 그는 동아일보를 구독하지 않는다는 것을 알 수 있다.

_____

_____

② 내가 소주를 마신다면 속이 쓰릴 것이 뻔해. 막걸리를 마셔도 배가 부를 거야. 그런데 나는 소주를 마시거나 막걸리를 마실 것 같아. 결국 나는 속이 쓰리거나 배가 부를 수밖에 없지.

_____

_____

③ 독일이 월드컵에서 우승하지 못한 것이 확실하다. 독일이나 스페인이 월드컵 챔피언이 되었을 텐데, 오늘 아침 신문에 스페인이 챔피언이 되었다고 나왔다.

_____

_____

④ 그들은 하드록이나 헤비메탈을 연주할 것이다. 그들이 만약 록을 진정으로 사랑하지 않는다면 하드록을 연주하지는 않을 것이다. 그들이 만약 대중에 영합한다면 헤비메탈을 연주하지는 않을 것이다. 그렇기 때문에 그들은 대중에 영합하지 않거나 록을 진정으로 사랑한다.

_____

_____

⑤ 그는 통합진보당이나 진보신당을 지지할 것이다. 그런데 그가 통합진보당을 지지하는 것이 확인된 이상 그는 진보신당을 지지하지 않을 것이다.

_____

_____

⑥ 세계의 궁극적 설명근거로서 그리고 세계의 창조자로서 신이 존재한다는 것을 나 역시 굳게 믿는다. 하지만 그러한 신이 완전히 선한 동시에 전능한 존재라는 많은 이들의 신념에 대해 나는 무척 회의적이다. 주변을 잠깐만 살펴보더라도 이 세상에 얼마나 큰 악이 존재하는지 금방 알 수 있을 것이다. 이는 신이 악을 의도했거나 악을 방지할 능력이 없었다는 것을 보여준다. 그런데 만약 신이 세상의 악한 것을 의도했다면 당연히 그는 완전히 선한 존재가 아닐 것이다. 어찌 완전히 선한 존재가 그 피조물들이 악과 함께 하길 바라겠는가? 또한 신이 악을 방지할 능력을 지니지 못한 것이라면 그는 전능한 존재가 아니다. 그러므로 신은 완전히 선한 존재가 아니거나 전능한 존재가 아니다.

_____

_____

_____

_____

⑦ 신은 그에게 이미 주어진 질료들로부터 세계를 창조했거나 완전한 무(無)로부터 세계를 만들었을 것이다. 하지만 신이 무로부터 세상을 창조했다는 것은 상상조차 할 수 없다. 그러므로 그는 이미 주어진 질료들로부터 세상을 창조했을 것임에 틀림없다.

_____

_____

⑧ 청문회 등을 통해 최근 공직에 새로 임명된 인사들 역시 도덕적으로 많은 결함이 있다는 것이 속속 밝혀졌다. 이는 임명권자로서 대통령이 그들의 도덕성 검증을 제대로 하지 못했거나 혹은 그러한 검증에 소홀했었다는 것을 시사한다. 만약 첫 번째 경우라면, 즉 대통령이 이 사람들을 제대로 검증하지 못한 것이라면 그는 무능력한 지도자인 것이다. 반면 그가 공직 후보자들의 검증을 소홀히 한 것이라면 그는 공직 후보자의 도덕성에 무관심한 지도자인 것이다. 결국 이번 공직 인사는 대통령이 무능력하거나 도덕성에 신경을 쓰지 않는다는 것을 재확인시켜주었다.

_____

_____

_____

_____

⑨ 만약 박근혜 씨가 대통령이 된다면 경제 상황이 좋아지지 않을 것이다. 반면 문재인 씨가 대통령이 된다고 해도 경제 상황은 좋아지지 않을 것이다. 그런데 박근혜 씨도 문재인 씨도 대통령이 되지 않을 것이다. 그러므로 경제 상황은 좋아질 것이다.

_____

_____

⑩ 지금 그의 업무실적으로 보아 그는 무능하거나 현재의 일에 열정이 부족한 사람이다. 만약 그가 학창시절에 열심히 공부한 사람이라면 현재 그가 무능할 리 없다. 그가 지금 하는 일을 진정 즐긴다면 열정이 부족할 리 없다. 그러므로 그는 학창시절에 공부를 열심히 안 했거나 지금 하는 일을 진정 즐기지 않는다고 할 수 있다.

_____

_____

11

진릿값표와
추론의 타당성

1. 복합명제, 논리적 연결사 그리고 진릿값표

명제는 단순명제와 복합명제로 나뉘는데, 단순명제는 더 이상 나눌 수 없는 기본적 단위명제이고 복합명제는 이러한 단위명제(들)와 '논리적 연결사'로 구성되는 합성명제이다. 논리적 연결사에는 원래의 명제를 부정하는 '아님'(not)과, 단순명제들을 연결시켜 복합명제로 만드는 '그리고'(and), '또는'(or), '만일 …라면, 그러면'(if..., then), '만일 …라면 그리고 오직 그 경우라야만'(if and only if, ...) 등이 있다. '그리고'에 의한 합성은 연언, '또는'에 의한 합성은 선언, '만일 …라면, 그러면'에 의한 것은 (실질)함언, '만일 …라면 그리고 오직 그 경우라야만'에 의한 것은 (실질)동치라고 각각 부른다.

1) 부정(negation)

부정의 연결사 '아님'의 논리적 기호는 '~'이다.[1] 임의의 명제 p에 대한 부정명제는 'p가 (참이) 아니다'이며 이것을 기호화하면 ~p가 된다. 부정의 연결사 '아님'의 진리함수적 의미는 다음과 같다.

p	~p
T	F
F	T

---

1) 부정의 논리적 기호는 책에 따라, '~', 'ㄱ', '-' 등으로 다양한데, 이 책에서는 '~'을 택한다.

2) 연언(conjunction)

　연언의 논리적 기호는 ' · '이다.[2] 이제 단순명제 '철수는 뚱뚱하다.' 를 p로, 그리고 '철수는 몸이 둔하다.'를 q로 각각 나타내기로 하면, 이것들을 논리적 연결사 '그리고'로 연결하여 합성되는 연언명제 '철수는 뚱뚱하고 몸이 둔하다.'는 'p · q'로 표시된다.

　복합명제는 단순명제의 결합인 만큼, 복합명제의 진릿값은 그것을 구성하는 단순명제의 진릿값에 의해 결정되는 것은 당연하다. 다만, 그 결합의 방식이 논리적 연결사마다 다르기 때문에 복합명제의 진릿값 확정에는 각 연결사의 진리함수적[3] 의미 규정이 선행되어야 하는데, 논리적 연결사 '그리고'의 진리함수적 의미는 다음과 같다.

p	q	p·q
T	T	T
T	F	F
F	T	F
F	F	F

　상식에 비추어 보더라도, '철수는 뚱뚱하고 몸이 둔하다.'가 참이려면 철수는 뚱뚱할 뿐만 아니라 몸도 둔해야 한다. 이처럼, '그리고'에 의해 합성된 복합명제의 진릿값은 그것을 구성하는 단순명제들의 진릿값이 모두 참일 때만 참이고, 나머지 경우에는 모두 거짓이다.

---

2)　연언의 논리적 기호는 책에 따라, ' · ', '∧', '&' 등으로 다양한데, 이 책에서는 ' · '을 택한다.

3)　진리함수는 명제를 독립변항으로 하고 그것의 진릿값을 종속변항으로 하는 함수이다.

3) 선언(disjunction)

선언의 논리적 기호는 '∨'이다. p와 q를 논리적 연결사 '또는'으로 연결하여 합성되는 선언명제 '철수는 뚱뚱하거나 또는 몸이 둔하다.'는 'p∨q'로 표시된다. 그리고 논리적 연결사 '또는'의 진리함수적 의미는 다음과 같다.

p	q	p∨q
T	T	T
T	F	T
F	T	T
F	F	F

'철수는 뚱뚱하거나 또는 몸이 둔하다.'가 거짓이려면 철수는 뚱뚱하지 않을 뿐 아니라 몸도 둔하지 않아야 한다는 것은 직관적으로 명백하다. 이처럼, '또는'에 의해 합성된 복합명제의 진릿값은 그것을 구성하는 단순명제들의 진릿값이 모두 거짓일 때만 거짓이고, 나머지 경우에는 모두 참이다.

4) 실질함언(material implication)

함언의 논리적 기호는 '→'이다.[4] p와 q를 논리적 연결사 '만일 … 라면, 그러면'으로 연결하여 합성되는 함언명제(조건명제/가언명제)는 'p

---

4) 함언의 논리적 기호로 '⊃'를 사용하는 사람들도 있으나, 부분집합의 기호와의 혼동을 염려하여 여기서는 '→'를 사용하기로 한다.

→ q'로 표시된다. 이때 화살표 앞의 명제 p는 이 복합명제의 전건이라고 부르고, 화살표 뒤의 명제 q는 후건이라고 부른다. '만약 철수가 뚱뚱하다면 철수는 몸이 둔하다.'는 이런 실질함언 명제의 한 사례이다. 그리고 논리적 연결사 '만일 …라면, 그러면'의 진리함수적 의미는 다음과 같다.

p	q	p→q
T	T	T
T	F	F
F	T	T
F	F	T

전건명제 '철수는 뚱뚱하다.'와 후건명제 '철수는 몸이 둔하다.'가 모두 참이면 그 함언명제는 참이 되고, 또 전건은 참인데 후건은 거짓이면 그것이 거짓이 되리라는 것은 명백해 보인다. 그러나 전건이 거짓이면 후건이 참이든 거짓이든 상관없이, 함언명제가 참이 된다는 것은 이해하기 쉽지 않다.

'만일 …라면, 그러면'의 진리함수적 의미를 파악하기 위해 다음의 세 명제를 살펴보자.

ⓐ 만약 철수가 뚱뚱하다면 철수는 몸이 둔하다.
ⓑ 만약 철수가 「님의 침묵」의 마지막 연을 암송할 수 있다면, 그는 과거에 그 시를 공부한 적이 있다.
ⓒ 만약 아침에 까치가 운다면, 그날 반가운 손님이 찾아온다.

이 세 명제는 서로 다른 것을 의미한다. 명제 ⓐ은 전건이 후건의 원인임을 의미하고, 명제 ⓑ는 전건은 후건의 판단 근거라는 것을 의미하며, 명제 ⓒ에서 전건과 후건은 단순히 시간적 선후관계에 있을 뿐이다. 그러나 이 세 명제는 모두 어떤 공통적인 것을 말하고 있는데, 그것은 전건이 참인데 후건이 거짓일 수는 없다는 것이다. 그러니까 ⓐ는 철수가 뚱뚱하면서 몸이 둔하지 않을 수는 없다고 말하고, ⓑ는 철수가 「님의 침묵」의 마지막 연을 암송할 수 있는데도 과거에 그 시를 공부한 적이 없을 수는 없다고 말하며, ⓒ은 아침에 까치가 울었는데도 그날 반가운 손님이 찾아오지 않는 경우는 없다고 말하는 것이다.

그러므로 하나의 함언명제 '만일 p이면, q이다'가 참이라고 말하는 것은 p는 참인데 q는 거짓인 경우는 발생하지 않는다고 말하거나 또는 p는 참인데 q는 거짓이라는 주장은 거짓이라고 말하는 것이다. 즉 '~(p · ~q)'이라는 말인데, 이 말의 진리함수적 표현이 앞의 진릿값표이다.

5) 실질동치(material equivalence)

동치의 논리적 기호는 '↔'이다.[5] 명제 p와 q가 이 논리적 연결사에 의해 합성되는 동치명제는 'p ↔ q'로 표시된다. '만약 철수가 뚱뚱하다면 그리고 그런 한에서만, 철수는 몸이 둔하다.'는 이런 동치명제의 한 예이다. 동치 명제 'p ↔ q'는 '(p → q) · (q → p)'과 같다. 그런데 'p → q'는 단지 '~(p · ~q)'만을 의미하므로, 'p ↔ q'은 결국 '~(p

---

5) 동치의 논리적 기호로는 '↔', '≡' 등이 사용되는데, 여기서는 '↔'를 사용하기로 한다.

· ~q) · ~(q · ~p)'이고 따라서 그것의 진릿값표는 이러하다.

p	q	p↔q
T	T	T
T	F	F
F	T	F
F	F	T

이처럼, 연결사 '만일 …라면 그리고 오직 그 경우라야만'으로 연결
되어 이루어지는 동치명제는 전건과 후건의 진릿값이 같으면 참이고,
다르면 거짓이다.

연습문제

1. 다음에 제시되는 명제들을 적절히 기호화하라.

① 사람이 모두 죽는 것은 아니다. (P: 사람은 모두 죽는다)

② 박정희 대통령이 김재규의 흉탄에 쓰러지자마자 차지철은 급히 화장실로 몸을 숨겼다. (P: 박정희 대통령이 김재규의 흉탄에 쓰러졌다, Q: 차지철은 급히 화장실로 몸을 숨겼다)

③ 이번 한국 시리즈에서는 타이거즈나 라이온즈나 와이번즈가 우승할 것이다. (T: 이번 한국 시리즈에서는 타이거즈가 우승할 것이다, L: 이번 한국 시리즈에서는 라이온즈가 우승할 것이다, W: 이번 한국 시리즈에서는 와이번즈가 우승할 것이다)

④ 내일 비가 온다는 것은 그 경기가 연기될 것을 의미한다. (R: 내일 비가 온다, D: 그 경기는 연기될 것이다)

⑤ 그것이 물이라는 것과 그것이 H_2O라는 말은 같다. (W: 그것은 물이다, H: 그것은 H_2O이다)

2. 진릿값표에 의한 명제의 성질 확인과 추론형식의 타당성 증명

'내일은 비가 오거나 또는 오지 않는다.'처럼 (내일 실제로 비가 오건 안 오건) 어떤 경우에도 항상 참인 명제를 항진명제(tautology)라고 하고, '내일은 비가 오면서 동시에 비가 오지 않는다.'처럼 어떤 경우에도 거짓인 명제를 모순명제(contradiction)라고 하며, '내일 비가 온다.'처럼 어떤 경우(내일 실제로 비가 오는 경우)에는 참이고 어떤 경우(내일 비가 안 오는 경우)에는 거짓인 명제를 우연적 명제(contingent)라고 한다. 또 동치인 두 명제는 서로 동등한 명제라고 부른다.

1) 명제의 항진성, 모순성, 우연성 확인

진릿값표를 사용하면 명제의 항진성, 모순성, 우연성을 확인할 수 있다. 예를 들어, 명제 '$q \rightarrow (p \rightarrow q)$'의 항진성은 진릿값표를 통해 다음과 같이 확인된다.

p	q	p→q	q→(p→q)
T	T	T	T
T	F	F	T
F	T	T	T
F	F	T	T

또 예를 들어, '$(\sim p \cdot q) \cdot (q \rightarrow p)$'가 모순명제임은 이렇게 확인된다.

p	q	~p	~p · q	q→p	(~p · q) · (q→p)
T	T	F	F	T	F
T	F	F	F	T	F
F	T	T	T	F	F
F	F	T	F	T	F

역시 예를 들어, '(p → q) → p'가 우연명제임은 다음과 같이 확인
된다.

p	q	p→q	(p→q)→p
T	T	T	T
T	F	F	T
F	T	T	F
F	F	T	F

연 습 문 제

2. 다음의 명제(형식)가 항진명제(형식)임을 진릿값표를 사용하여 증명하라.

   $(p \rightarrow q) \vee p$

3. 다음의 명제가 모순명제임을 진릿값표를 사용하여 증명하라.

   $(p \cdot q) \cdot (\sim p \vee \sim q)$

4. 다음의 명제가 우연적 명제임을 진릿값표를 사용하여 증명하라.

   $p \rightarrow (p \cdot q)$

2) 명제의 동등성 증명

동치인 두 명제는 진리함수적으로 동등하므로, 진릿값표에서 똑같은 진릿값을 갖는 두 명제는 논리적으로 동치이다. 명제 '(p → q) · (q → p)'와 'p ↔ q'가 논리적으로 동치라는 것은 진릿값표를 사용하여 다음과 같이 증명할 수 있다.

p	q	p→q	q→p	(p→q) · (q→p)	p↔q
T	T	T	T	T	T
T	F	F	T	F	F
F	T	T	F	F	F
F	F	T	T	T	T

5. ‘p∨q’와 ‘∼p → q’가 논리적 동치임을 진릿값표를 사용하여 증명하라.

6. ‘(p∨q) · ∼(p · q)’와 ‘∼(p ↔ q)’가 동치임을 진릿값표를 사용하여 증명하라.

3) 추론형식의 타당성 증명

어떤 추론형식의 명제기호에 실제 명제를 대입하여 그 추론형식으로부터 얻어낸 구체적 추론을 그 추론형식에 대한 해석이라고 한다. 예를 들어, 전건긍정 추론식 '(p → q) · p ⊢ q'[6]의 p와 q에 '소크라테스는 사람이다.'와 '소크라테스는 죽는다.'를 각각 대입하면, 이 추론식은 '만약 소크라테스가 사람이라면 소크라테스는 죽는다. (그런데) 소크라테스는 사람이다. 그러므로 소크라테스는 죽는다.'는 추론으로 해석된다.

명제기호에 얼마든지 많은 명제들을 대입할 수 있으므로, 하나의 추론식에서 수없이 많은 추론들이 해석되어 나올 수 있다. 그러나 한 추론식에서 아무리 많은 추론들이 나온다 하더라도 그 추론식이 타당하다면, 그것의 해석들은 당연히 모두 타당하다. 그런데 타당한 추론은 그것의 전제가 참이면 결론 또한 반드시 참이므로, 타당한 추론식의 해석들 가운데 전제가 참인 것들은 예외 없이 결론 또한 참일 수밖에 없다. 이러한 점을 이용하면, 진릿값표를 사용하여 논증형식의 타당성을 증명할 수 있다. 전건긍정식에 관한 아래 진릿값표를 보면, 이

	p	q[결론]	p→q	p · (p→q) [전제]
①	T	T	T	T
②	T	F	F	F
③	F	T	T	F
④	F	F	T	F

---

6) '⊢'는 전제와 결론을 구분하는 기호로서, 이것 왼쪽에 놓인 명제는 전제이고 오른쪽에 놓인 명제는 결론이다.

식 해석들의 전제는 첫 번째 줄 ①에서만 참이고 나머지 ②, ③, ④에서는 모두 거짓임을 알 수 있다. 그런데 ①에서는 결론 또한 참이다. 이것은 전건긍정추론식의 전제가 참인 모든 해석은 결론 역시 참이라는 것, 즉 ①에 속하는 모든 해석들은 타당한 추론들이라는 것을 보여준다. 그런데 전제가 거짓인 해석(②, ③, ④에 속하는 해석)들은 모두 타당한 추론이므로, 이 식의 해석들은 결국 모두 타당한 추론이고 따라서 이 식은 타당한 추론형식이다.

7. 진릿값표를 사용하여 후건부정추론의 타당성을 증명하라.

8. 진릿값표를 사용하여 가언삼단추론의 타당성을 증명하라.

1. 다음 추론(논증)형식들이 타당한지 부당한지를 진릿값표를 통해 결정하라.

① p∨q
  p
  ∴ ~q

② p→q
  ~p
  ∴ ~q

③ p→q
  q→r
  ~r
  ∴ p

④ p ∨ q
  ~p
  ∴ q

⑤ p→q
  q
  ∴ p

⑥ p · q

  ∴ p

⑦ p

  ∴ p ∨ q

⑧ ~ ~ p

  ∴ p

⑨ p → q

  r → s

  p ∨ r

  ∴ q ∨ s

⑩ p → q

  r → s

  ~ q ∨ ~ s

  ∴ ~ p ∨ ~ r

2. 다음의 명제형식들이 항진명제의 형식인지를 진릿값표를 사용하여
결정하라.

① $(p \lor q) \leftrightarrow (q \lor p)$

② $[p \to (q \to r)] \leftrightarrow [(p \cdot q) \to r]$

③ $(p \cdot q) \leftrightarrow (q \cdot p)$

④ $[(p \to q) \to r] \leftrightarrow [p \to (q \to r)]$

⑤ $[p \lor (q \cdot r)] \leftrightarrow [(p \lor q) \cdot (p \lor r)]$

⑥ $[(p \lor q) \to r] \leftrightarrow [p \to (q \lor r)]$

⑦ $(p \lor p) \leftrightarrow p$

⑧ $(p \leftrightarrow q) \leftrightarrow [(p \cdot q) \lor (\sim p \cdot \sim q)]$

⑨ [p · (q ∨ r)] ↔ [(p · q) ∨ (p · r)]

⑩ ~ (p ∨ q) ↔ ~ (p · q)

⑪ [p → (q ·)] ↔ [(p · q) → r]

⑫ ~ (p · q) ↔ ~ (p ∨ q)

⑬ (p → q) ↔ (~ q → ~ p)

⑭ [(p ∨ q) ∨ r] ↔ [p ∨ (q ∨ r)]

⑮ (p → q) ↔ (~ p → ~ q)

⑯ [(p · q) · r)] ↔ [(p · (q · r)]

⑰ ~ ~ p ↔ p

⑱ $(p \cdot p) \leftrightarrow p$

⑲ $(p \rightarrow q) \leftrightarrow (p \cdot \sim q)$

12

추론규칙 및 교체법칙을 사용한, 복잡한 추론의 타당성 증명

1. 추론의 규칙과 타당성

다음의 두 추론을 비교해보자.

(가)물고기는 아가미가 있다. 그러나 고래는 아가미가 없다. 그러므로 고
　　래는 물고기가 아니다.
(나)만약 철수가 자기 조직의 조직원 명단을 다 털어놓으면, 철수는 무사
　　하지만 그의 조직은 온전치 못할 것이다. 만약 철수가 무사하거나 그
　　의 조직이 온전하면, 그러면 범죄는 계속된다. 그런데 철수는 자기 조
　　직의 조직원 명단을 다 털어놓았다. 그러므로 범죄는 계속된다.

　추론 (가)는 간단하기 때문에 그것이 타당하다는 것을 곧 알 수 있으
나, 추론 (나)는 복잡하여 그것의 타당성 여부를 쉽게 알기 어렵다. 비
교적 복잡한 추론은 앞에서 공부한 추론규칙들을 사용하여 그것의 결
론을 전제들로부터 연역해냄으로써, 그것의 타당성을 증명할 수 있다.
　명제 '철수가 자기 조직의 조직원 명단을 다 털어놓는다.'를 A로 놓
고, '철수는 무사하다.'를 B, '철수의 조직은 온전하다.'를 C, 그리고
'범죄는 계속된다.'를 D로 놓고, 책 8~10장에서 다룬 추론규칙 몇 개
를 사용하면, 논증 (나)의 타당성은 다음과 같이 증명된다.

```
1. A → (B · ~C)
2. (B ∨ C) → D
3. A          / ∴ D
4. B · ~C     1과 3에 '전건긍정식' (적용)
5. B          4에 '단순화'
6. B ∨ C      5에 '첨가'
7. D          2와 6에 '전건긍정식'
```

1) 추론규칙의 적용

앞의 증명에서, '/'의 좌측과 상단 열 1, 2, 3은 추론의 전제이고, 우측의 D는 결론이며, 하단 열 4, 5, 6, 7은 증명의 단계들인데 그 좌측에는 최종 결론을 위해 거쳐야 하는 중간 결론들이 놓여 있다. 또 그우측에는 그 중간 결론의 전제와 그 전제에 적용된 추론규칙이 적혀있다. 이러한 추론의 증명은 중간 결론들을 통해서 이루어지므로, 그중간 결론들의 산출을 위해서 어떤 전제에 어떤 추론규칙을 적용해야하는지를 아는 것이 무엇보다 중요하다.

연습문제

1. 다음의 각 추론에 어떤 추론규칙이 적용되었는지 말하라.

① (A · B) ∨ (C ↔ D)

  ~(A · B)   / ∴ C ↔ D

② (F → ~G) · [H → (I ∨ J)]

  ~~G ∨ ~(I ∨ J)   / ∴ ~F ∨ ~H

2. 아래 증명의 각 중간 결론에 대해 그것의 전제와 그 전제에 적용된 추론규칙을 빈 칸 위에 써라.

  1. ~A
  2. (B ∨ A) → C
  3. A ∨ D
  4. (D ∨ E) → B   / ∴ C
  5. D   _____
  6. D ∨ E   _____
  7. B   _____
  8. B ∨ A   _____
  9. C   _____

3. 추론규칙을 사용하여 다음 추론의 타당성을 증명하라.

① 1. $(A \rightarrow B) \rightarrow (C \rightarrow D)$

    2. $(A \rightarrow B) \lor (E \rightarrow F)$

    3. $\sim(C \rightarrow D)$ / $\therefore E \rightarrow F$

② 1. $(A \rightarrow B) \cdot (C \rightarrow D)$

    2. $(\sim B \cdot \sim E) \rightarrow (A \lor C)$

    3. $\sim B \cdot (F \rightarrow G)$

    4. $B \lor \sim E$ / $\therefore D \lor H$

2. 교체의 법칙

　지금까지 소개된 추론의 법칙들만으로는 여러 가지 추론들의 타당성을 증명하기에 충분하지 않다. 그것들만으로는, 예를 들어, (p → ~q)와 q로부터 ~p도 연역할 수 없다. (즉, (p → ~q)·q ⊢ ~p) 왜냐하면 후건부정식은 '(p → ~q)·q ⊢ ~p'이 아니라, '(p → q)·~q ⊢ ~p'이기 때문이다. 심지어 p·q에서 q 조차 연역할 수 없는데 단순화의 형식은 'p·q ⊢ p'이기 때문이다. 그런데 이중부정의 법칙, 교환법칙 등등의 교체의 법칙을 도입하면 이런 문제는 간단하게 해결된다. 먼저, 이중부정의 법칙에 의하면 q는 ~~q로 교체될 수 있으므로 위의 '(p → ~q)·q ⊢ ~p'는 '(p → ~q)·~~q ⊢ ~p'로 바꿔 쓸 수 있고, ~~q는 ~(~q)이므로, (p → ~q)와 q로부터 무난히 ~p를 연역할 수 있다. 또, 교환법칙에 의하면, p·q는 q·p로 교체되므로 별 문제 없이 p·q에서 q를 연역할 수 있게 된다.

1) 교체의 법칙

　다음의 논리적 동치의 표현들은 그것들이 어디에 나타나든지 간에 서로 교체될 수 있다. 다시 말해, 복합명제의 어느 부분이 아래에 규정되어 있는 논리적 동치 표현으로 교체되더라도 교체 결과 생기는 명제는 원래의 명제와 같다.

　　1. 이중부정의 법칙: p ↔ ~~p
　　2. 교환법칙:　　　　(p ∨ q) ↔ (q ∨ p), (p · q) ↔ (q · p)
　　3. 중복의 법칙:　　　p ↔ (p ∨ p), p ↔ (p · p)

4. 대우의 법칙: $(p \rightarrow q) \leftrightarrow (\sim q \rightarrow \sim p)$
5. 드모르강의 법칙: $\sim(p \cdot q) \leftrightarrow (\sim p \vee \sim q)$, $\sim(p \vee q) \leftrightarrow (\sim p \cdot \sim q)$
6. 결합법칙: $[p \vee (q \vee r)] \leftrightarrow [(p \vee q) \vee r]$, $[p \cdot (q \cdot r)] \leftrightarrow [(p \cdot q) \cdot r]$
7. 분배법칙: $[p \cdot (q \vee r)] \leftrightarrow [(p \cdot q) \vee (p \cdot r)]$,
                   $[p \vee (q \cdot r)] \leftrightarrow [(p \vee q) \cdot (p \vee r)]$
8. 실질함언의 법칙: $(p \rightarrow q) \leftrightarrow (\sim p \vee q)$
9. 실질동치의 법칙: $(p \leftrightarrow q) \leftrightarrow [(p \rightarrow q) \cdot (q \rightarrow p)]$
                   $(p \leftrightarrow q) \leftrightarrow [(p \cdot q) \vee (\sim p \cdot \sim q)]$
10. 이송의 법칙: $[(p \cdot q) \rightarrow r] \leftrightarrow [p \rightarrow (q \rightarrow r)]$

2) 대체와 교체

전제에 추론규칙을 적용하여 결론을 산출하는 것을 전제의 결론으로의 대체(substitution)라고 하고, 교체의 법칙에 따라 어떤 명제로부터 그것과 논리적 동치인 다른 명제를 산출하는 것은 전자의 후자로의 교체(replacement)라고 하는데, 추론규칙과 교체법칙은 매우 다른 방식으로 적용된다. 먼저, 추론규칙은 증명의 열 전체에만 적용될 수 있다. 앞의 연습문제 1번의 ①을 보자.

연습문제 1. ①
1. $(A \cdot B) \vee (C \leftrightarrow D)$
2. $\sim(A \cdot B)$ / $\therefore$ $C \leftrightarrow D$

명제 '$(A \cdot B) \vee (C \leftrightarrow D)$'은 증명의 열 1 전체를 차지하고, '$\sim(A \cdot B)$'는 열 2 전체를 차지한다. 이처럼 전제들이 증명의 열 전체를 구성해야만, 추론의 규칙이 적용되어 결론이 추론될 수 있다.

반면에, 교체법칙은 증명의 열 전체에 뿐만 아니라, 열의 일부분에도 적용될 수 있다. 다음의 두 추론 (가)와 (나)를 비교해보자.

(가) [A ∨ (B · C)]   / ∴ [(A ∨ B) · (A ∨ C)]
(나) [A ∨ (B · C)] → D   / ∴ [(A ∨ B) · (A ∨ C)] → D

(가)에서는 분배법칙이 열 전체((A∨(B · C)))에 적용되어 '[(A∨B) · (A∨C)]'이 연역되었고, (나)에서는 열의 일부((A∨(B · C)))에만 적용되어 '[(A∨B) · (A∨C)]→D'가 연역되었다.

4. 다음의 각 추론에 어떤 교체법칙이 적용되었는지 말하라.

① (A ∨ ~A) · (B ∨ ~B)   / ∴[A ∨ ~A) · B] ∨ [(A ∨ ~A) · ~B]

② (~A → B) → (~C → ~D)   / ∴ (~A → B) → (D → C)

5. 아래 증명의 각 중간 결론에 대해 그것의 전제와 그 전제에 적용된 추론규칙 및 교체법칙을 빈 칸 위에 써라.

① 1. ~(~A · ~B)
   2. ~A   / ∴ B
   3. ~~A ∨ ~~B   _____
   4. A ∨ B   _____
   5. B   _____

② 1. [(A · B) → C] · [~D → (B · ~C)]   / ∴ A → D
   2. (A · B) → C   _____
   3. [~D → (B · ~C)] · [(A · B) → C]   _____
   4. ~D → (B · ~C)   _____
   5. ~(B · ~C) → ~~D   _____

6. ~(B · ~C) → D   _____

7. (~B ∨ ~~C) → D   _____

8. (~B ∨ C) → D   _____

9. (B → C) → D   _____

10. A → (B → C)   _____

11. A → D   _____

6. 추론규칙과 교체법칙을 사용하여 다음 추론의 타당성을 증명하라.

① 1. A → B

  2. (A ∨ D) → A

  3. (~A ∨ B) → D   / ∴ B

② 1. (A ∨ B) → (C → D)

  2. E → ~F

  3. ~F → G

  4. A · H

  5. E ∨ C   / ∴ G ∨ D

추론규칙과 교체법칙을 사용하여 다음 추론의 타당성을 증명하라.

① $\sim A \lor \sim(B \cdot C)$ $/ \therefore B \rightarrow (C \rightarrow \sim A)$

② $A \cdot (B \lor C)$ $/ \therefore \sim B \rightarrow (A \cdot C)$

③ 1. $(A \rightarrow B) \lor C$

    2. $\sim(B \lor C)$ $/ \therefore \sim A \lor \sim D$

④ 1. $A \leftrightarrow B$

    2. $(A \cdot C) \leftrightarrow \sim(B \lor C)$ $/ \therefore A \rightarrow \sim C$

⑤ 1. $(\sim A \cdot \sim B) \rightarrow [(\sim A \lor H) \rightarrow (C \cdot L)]$

    2. $\sim A \cdot (E \rightarrow F)$

    3. $\sim B \cdot (O \leftrightarrow P)$ $/ \therefore C \cdot \sim B$

⑥ 1. $(F \rightarrow A) \cdot (G \rightarrow I)$

    2. $(\sim A \cdot \sim B) \rightarrow (F \lor G)$

    3. $\sim A \cdot (C \rightarrow D)$

    4. $A \lor \sim B$ $/ \therefore I \lor N$

⑦ 1. $E \lor \sim(D \lor C)$

    2. $(E \lor \sim D) \rightarrow C$ $/ \therefore E$

⑧ 1. A → (B · C)

   2. (B ∨ D) → A   / ∴ A ↔ B

⑨ 1. A ∨ (~B ∨ A)

   2. B ∨ (~A ∨ B)   / ∴ (A · B) ∨ (~A · ~B)

⑩ 1. ~C → (A → ~A)

   2. (C ∨ D) → (B · E)

   3. ~B   / ∴ ~A

13

명제의 기호화와
양화이론

1. 명제의 기호화

추론은 명제를 통해 이루어진다. 그리고 명제는 대체로 일상어로 표현된다. 그런데 일상어는 단어들이 다의적이어서 애매하고, 때때로 관용구의 의미가 모호하며, 수사학적 문체는 기만적이기까지 하다. 그러므로 특히 명제가 길 경우, 의미를 파악하기 매우 어렵다. 일상어의 이러한 난점을 극복하기 위해 특수화된 기호언어의 개발이 필요하다. 명제를 기호화하면, 일상어의 애매성과 모호성 때문에 가려졌던 추론의 논리적 구조가 명쾌하게 드러나며, 의미 파악을 위해 기울였던 주의를 논리적 관계 분석에 집중할 수 있게 된다.

1) 개체와 속성의 기호 표현

단칭명제[1]를 기호화할 때 개체를 나타내기 위해서는 a에서 w까지의 소문자를 사용하는데 통상 개체 이름의 첫 글자를 쓴다. 그리고 속성을 나타내기 위해서는 대문자를 사용하는데 통상 속성 이름의 첫 문자를 쓴다. 그러므로 명제 '소크라테스는 사람이다.'는 'Hs'로 나타낼 수 있다. 이런 식으로 계속해서 '데카르트는 사람이다.', '이순신은 사람이다.', '울산은 사람이다.', '서울은 사람이다.'는 각각 'Hd', 'Hl', 'Hu', 'Hs'로 표현할 수 있다.

어떤 특수한 개체가 사람이라는 속성을 지녔다고 말하는 위의 단칭

---

1) 단칭명제는 '나폴레옹' 또는 '프랑스의 제1통령. 황제'처럼 고유명사이거나 고유명사를 통해서 정의되어야 하는 개별개념에 관한 명제이다. K. R. Popper, *The Logic of Scientific Discovery*, (2nd ed.), 64쪽 이하 참조.

명제들에 공통적인 패턴은 'Hx'로 기호화할 수 있다. 여기서 소문자 'x'는 개체변항이라고 하는데, 이것에 개체상항('소크라테스', '데카르트', '이순신', '울산', '서울' 등등)이 대입되면, 위에서와 같은 구체적인 단칭명제가 생성된다. 이때 'x'는 'Hx'의 변화와 관계없이 독립적으로 변하지만, 'Hx'는 'x'의 변화에 따라 종속적으로 명제화하므로 명제함수라고 부른다. 이처럼, Hx는 개체변항 x가 개체상항으로 대체될 때 명제가 되는데, 개체변항을 개체상항으로 대체하여 명제함수로 부터 명제를 얻는 과정을 실례화(instantiation)라고 한다.

2) 정언명제와 관계명제

고전논리학의 정언명제들은 다음과 같다. '모든 고래는 포유동물이다.'와 같은 A형 명제, '고래는 모두 물고기가 아니다.'와 같은 E형 명제, '어떤 고래는 돌고래이다.'와 같은 I형 명제, 그리고 '어떤 동물은 고래가 아니다.'와 같은 O형 명제. 이런 명제들에서 술어인, 포유동물이라는 속성, 물고기라는 속성, 고래라는 속성, 돌고래라는 속성은 하나의 집합을 결정하는데 이 집합들과 주어의 외연집합들이 서로 포함되거나, 교차하거나 또는 단절되는 방식에 따라 추론이 이루어진다. 그러므로 고전논리학은 하나의 집합을 결정하는 속성을 표현하는 술어를 갖지 못한 명제들이나 그것들을 통한 추론은 다룰 수가 없었다.

사물들은 속성뿐만 아니라, 서로 관계도 갖는다. 그리고 속성이 아닌 관계를 표현하는 명제들, 즉 비(非)정언명제들 역시 추론에서 자주 사용된다. 예를 들어, 명제 '모든 어머니는 자기 자식을 사랑한다.'의 술어 '…를 사랑한다'는 하나의 집합을 결정하지 못하고 따라서 이 명제는 비정언명제이다. 그러나 이 명제를 사용하여 다음과 같은 추론을 할 수 있다.

> 모든 어머니는 자기 자식을 사랑한다.
> 영희는 철수의 어머니이다.
> ────────────────────────────
> ∴ 영희는 철수를 사랑한다.

　개념(집합)들의 포함, 교차, 단절 등은 관계의 일부에 불과하다는 것을 감안하면, 관계추론의 원리는 정언추론의 그것보다 적용범위가 훨씬 더 큰 논리임을 잘 알 수 있다.

3) 관계의 종류

　관계는 그것이 성립하고 유지되는 사물의 수에 따라, 2개의 사물 사이의 관계이면 2항 관계, 3개의 사물 사이의 관계이면 3항 관계 등등으로 불린다. 예를 들어, '영희는 철수를 사랑한다.'에서 '…를 사랑한다'는 2항 관계요, '울산은 서울과 부산 사이에 있다.'에서 '…(과)와 …의 사이에 있다'는 3항 관계이다. 어떤 관계 R이 2개의 대상 a와 b 사이에 성립한다고 주장한다면, 이것은 'aRb'로 표현된다. 그리고 예를 들어 R이 '…의 어머니이다'를 나타낸다면, aRb는 'a는 b의 어머니이다.'로 해석된다. 그러나 보다 일반적인 표현법은 'Ra,b'로 쓰는 것이다. 이 표현법을 사용하면 관계의 대상이 아무리 많아도 문제없이 처리할 수 있다. 관계 R이 3개 이상의 대상들 a, b, c, … 사이에 성립한다고 주장하는 명제는 'Ra,b,c…'로 표현된다. 그리고 예를 들어 R이

'…(과)와 …의 사이에 있다'를 나타낸다면 Ra,b,c는 'a는 b와 c의 사이에 있다.'로 해석된다.

관계는 그 성질에 따라 역관계, 대칭관계, 반사관계, 이행관계, 동등관계 등으로 분류된다. R의 역관계는 $\overline{R}$로 표시하는데, 이것은 관계 R이 a에서 b로 성립할 때 언제나 b에서 a로 성립하는 관계이다. 예를 들어, '…의 어머니이다'는 '…의 자식이다'의 역관계이다. 또, 대칭관계는 관계항 사이에 대칭성이 성립하는 관계이다. 그러니까 xRy → yRx라면 R은 대칭관계인데, 예를 들면, '…와 같다'는 대칭관계이다. 그리고 xRy → ~(yRx)이 성립하면 R은 반대칭관계이며, 대칭관계도 반대칭관계도 아닌 관계는 비대칭관계이다. 또, 반사관계는 예를 들어, '…와 합동이다'처럼 xRx가 성립하는 관계이다. 그리고 ~(xRx)이면 R은 반반사관계이고, R이 반사관계도 아니고 반반사관계도 아니면 비반사관계이다. 또, 예를 들어, '…보다 크다'처럼 (xRy · yRz) → xRz라면 이행관계이고, (xRy · yRz) → ~xRz라면 반이행관계이며, 그도 저도 아니면 비이행관계이다. 마지막으로, 대칭관계이면서 동시에 이행관계이기도 한 관계는 동등관계라고 한다. '…와 같다'가 그런 관계인데, 대상 a가 b와 같다면, b는 a와 같으며, 대상 a가 b와 같고 대상 b가 c와 같으면, 대상 a는 대상 c와 같다.

1. 다음의 명제를 기호로 표시하라.

'백두산은 높지만, 압록강은 깊다.'
('백두산'은 b로, '압록강'은 a로, 그리고 '높다'는 H, '깊다'는 D로 각각 나타내기로 한다.)

_____

_____

2. 다음 명제 중에서 비정언명제를 2개 찾아라.

　① 나무에서 떨어지는 원숭이도 있다.
　② 영호는 민수보다 키가 작다.
　③ 키 크고 싱겁지 않은 사람 없다.
　④ 임진왜란이 병자호란보다 먼저 일어났다.

3. 반이행관계, 비이행관계 그리고 동등관계의 예를 각각 하나씩 들어라.

_____

_____

_____

_____

2. 양화의 기호법

위에서 언급한 기호화의 방법으로는, '영희는 철수를 사랑한다.'나 '영희는 철수의 어머니이다.'와 같은 단칭명제만을 기호화할 수 있을 뿐, '자기 자식을 사랑하지 않는 어머니도 있다.'와 같은 존재명제나 '모든 어머니는 자기 자식을 사랑한다.'와 같은 전칭명제는 기호화할 수 없다. 양화의 기호법은 이러한 명제들을 기호화하는 방법이다.

1) 존재양화사

존재명제 (1), '자기 자식을 사랑하지 않는 어머니도 있다.'는 명제 (2), '최소한 한 명의 (또는 한 명 이상의), 제 자식을 사랑하지 않는 어머니가 있다.'로 바꿔 쓸 수 있다. 또, 명제 (2)는 명제 (3), '최소한 하나의 어떤 것이 존재하는데 그것은 어머니이며 제 자식을 사랑하지 않는다.'로 바꿔 쓸 수 있다. 그리고 명제 (3)은 다시 명제 (4), '최소한 하나의 어떤 것 x가 존재하는데, x는 어머니이며 x는 제 자식을 사랑하지 않는다.'로 바꿔 쓸 수 있다. 여기에 '…한 어떤 것 x가 존재한다' 는 의미의 존재양화사 기호 '$(\exists x)$'를 도입하면, 명제 (4)는 다시 명제 (5), '$(\exists x)(\exists y)$'('x는 y의 어머니이다.' 그리고 'x는 y를 사랑하지 않는다.')로 바꿀 수 있다. 이제 괄호 안의 두 명제를 기호화하면 명제 (5)는 결국 이렇게 기호화된다: $(\exists xy)(xMy \cdot \sim xLy)$.[2]

---

2) 여기서 관계 '…의 어머니이다'는 M으로, 또 관계 '…를(을) 사랑한다'는 L로 각각 나타내기로 한다.

2) 전칭양화사

　전칭명제 (1), '모든 어머니는 자기 자식을 사랑한다.'는 명제 (2), '어느 것이든 어머니인 것은 제 자식을 사랑한다.'로 바꿔 쓸 수 있다. 또, 명제 (2)는 명제 (3), '모든 존재에 대해, 만약 어떤 존재가 어머니라면 그것은 제 자식을 사랑한다.'로 바뀔 수 있다. 이제 '모든 x에 대해, …이 성립한다'는 의미의 전칭양화사 기호 '(x)'를 도입하면, (3)은 다시 명제 (4), 즉 '(x)(y)'(x가 y의 어머니라면 x는 y를 사랑한다.)로 바뀐다. 여기서 괄호 안의 복합명제를 기호화하면 명제 (4)는 최종적으로 이렇게 기호화 된다: $(x)(y)(xMy \rightarrow xLy)$.

연습문제

4. 양화사를 사용하여 다음의 명제를 기호로 표시하라.

① 모두를 사랑하는 사람이 있다. ('x가 y를 사랑한다.'는 'xLy'로 표시한다.)

② 친구의 친구는 친구이다. ('x는 y의 친구이다.'는 'xFy'로 표시한다.)

3) 정언명제의 기호화

고전논리학의 주 관심사였던 정언명제 역시, 주어(범주/집합)와 술어 (범주/집합)사이의 포함이나 배척(불포함)관계를 나타낸다는 점에서, 일종의 '관계명제'라고 할 수 있다. 그리고 정언명제가 나타내는 주어와 술어 사이의 포함관계 역시 양화사를 통해 기호화할 수 있다. A형 명제 '모든 사람은 죽는다.'는 '모든 x에 대해, 만약 x가 사람이라면, x는 죽는다.'로 바꿔 쓸 수 있다. '사람이다'를 H로 그리고 '죽는다'는 M으로 각각 나타내기로 하면, 이 명제는 '$(x)(Hx \rightarrow Mx)$'로 기호화할 수 있다. 그리고 E형 명제 '어떤 사람도 죽지 않는다.'는 '모든 x에 대해, 만약 x가 사람이라면, x는 죽지 않는다.'로 바꿔 쓸 수 있다. 이 명제는 방금 전과 같은 기호를 사용하여, '$(x)(Hx \rightarrow {\sim}Mx)$'로 기호화할 수 있다.

I형 명제 '어떤 사람은 죽는다.'는 '어떤 존재는 사람이면서 죽는다.'나 또는 '사람이면서 죽는 존재가 있다.'로 바꿔 쓸 수 있고, 따라서 '$(\exists x)(Hx \cdot Mx)$'로 기호화할 수 있다. 그리고 O형 명제 '어떤 사람은 죽지 않는다.'는 '어떤 존재는 사람이면서 죽지 않는다.'나 또는 '사람이면서 죽지 않는 존재가 있다.'로 바꿔 쓸 수 있고, 따라서 '$(\exists x)(Hx \cdot {\sim}Mx)$'로 기호화할 수 있다.

종합문제

1. 관계의 종류에 관한 다음 질문에 답하라.

① 서로 역관계인 관계를 2개만 들어라.
_____
_____

② 반대칭관계의 예를 2개만 들어라.
_____
_____

③ 비반사관계의 예를 2개만 들어라.
_____
_____

2. 다음의 명제들을 기호화하라.

① 영희는 예쁠 뿐만 아니라 친절하기도 하다. (영희=y, 예쁘다=P, 친절하다=K)

② 미스코리아 수상자들은 모두 예쁘다. (미스코리아 수상자=M)

③ 미스코리아 수상자라고 해서 모두 친절한 것은 아니다.

④ 어떤 미스코리아 수상자는 예쁘고 친절하기도 하다.

⑤ 철수는 미스코리아 수상자만을 사랑한다. (철수=c, x는 y를 사랑한다.=xLy)

⑥ 철수는 모든 미스코리아 수상자들을 사랑한다.

⑦ 철수가 사랑하는 미스코리아 수상자들은 예쁘긴 하지만 친절하지는 않다.

⑧ 모든 미스코리아 수상자들은 누군가의 사랑을 받는다.

⑨ 미스코리아 수상자 모두를 사랑하는 사람이 있다.

⑩ 모든 사람들의 사랑을 받는 미스코리아 수상자가 있다.

14

양화사를 포함한
명제가 사용된
추론의 타당성과
부당성

1. 양화사를 포함한 명제가 사용된 추론

1) 전칭실례(Universal Instantiation)와 전칭일반화(Universal Generalization)

명제함수 '∅x'의 전칭양화 '(x)(∅x)'의 의미는 '모든 x에 대해, ∅x가 성립한다.'는 것이니, 추론의 규칙에 다음과 같은 전칭실례의 규칙을 하나 더 덧붙일 수 있다. 즉, 어느 한 명제함수의 어떤 대체실례도 그 명제함수의 전칭양화로부터 추론될 수 있다: $(x)(\emptyset x) \vdash \emptyset v.$[1]

이제 전칭실례의 규칙을 사용하면, 예를 들어, 다음처럼 전칭양화를 포함한 추론의 타당성도 쉽게 증명할 수 있다.

1. $(x)(Hx \rightarrow Mx)$ (사람은 누구나 죽는다.)
2. $\sim Mz$ (제우스는 죽지 않는다.)　　　/ ∴ $\sim Hz$ (제우스는 사람이 아니다.)
3. $Hz \rightarrow Mz$　　　　　　　　　1, 전칭실례
4. $\sim Hz$　　　　　　　　　　　　2, 3, 후건부정식

제비뽑기를 준비하는 사람들은 어느 것이나 똑같은 확률로 뽑힐 수 있도록 하려고, 제비의 모양이나 크기를 똑같이 만드는 것은 물론이고, 그 순서까지도 무작위로 배열한다. 무작위의 순서로 배열된 제비들 가운데 어떤 것을 택하더라도 그것의 당첨 기댓값은 다른 모든 제비들의 기댓값과 동등하다. 이와 유사하게, 어느 한 집합 A의 임의(任意)의 한 원소 a_n은 A의 모든 원소들을 대표하며 따라서 a_n에 적용되는 것은 A의 모든 원소들에 적용된다. 이러한 임의적 대표성에 근거하여, 어느 한 명제함수의 대체실례로부터 그 명제함수의 전칭양화를

---

1) I. M. Copi, *Symbolic Logic* (5th ed.), 71쪽 참조.

추론하는 전칭일반화의 규칙을 다음과 같이 규정할 수 있다. 즉, 어느 한 명제함수의 전칭양화는 그 명제함수의 기호 'y'에 관한 대체실례로부터 추론될 수 있다: $\emptyset y \vdash (x)(\emptyset x)$. 물론 여기서 'y'는 특정한 개체가 아니라 임의의 개체를 나타낸다.[2]

전칭일반화의 규칙을 사용하면 다음처럼, 결론이 전칭양화의 명제함수인 추론의 타당성도 간단하게 증명할 수 있다.

1. $(x)(Sx \rightarrow Ex)$ (거미는 모두 다리가 8개이다.)
2. $(x)(Ix \rightarrow \sim Ex)$ (곤충은 어떤 것도 다리가 8개가 아니다.)
   $/\therefore (x)(Sx \rightarrow \sim Ix)$ (어떤 거미도 곤충이 아니다.)

3. $Sy \rightarrow Ey$ 1, 전칭실례
4. $Iy \rightarrow \sim Ey$ 2, 전칭실례
5. $\sim\sim Ey \rightarrow \sim Iy$ 4, 대우
6. $Ey \rightarrow \sim Iy$ 5, 이중부정
7. $Sy \rightarrow \sim Iy$ 3, 6, 가언삼단추론
8. $(x)(Sx \rightarrow \sim Ix)$ 7, 전칭일반화

---

2) 같은 책, 72쪽 참조.

1. 다음 추론의 타당성을 증명하라.

① 1. (x)(Ax → Bx)   /∴ (x)[(Ax → (Ax∨Bx)]

② 1. (x)[(Ax → Bx) · (Bx → Cx)]
   2. (x)Ax   /∴ (x)(Bx · Cx)

2) 존재일반화(Existential Generalization)와 존재실례(Existential Instantiation)

명제함수 'ⵁx'의 존재양화 '(ⵁx)(ⵁx)'의 의미는 'ⵁx인 x가 적어도 하나(하나 이상) 존재한다'는 것이니, 추론의 규칙에 다음과 같은 존재일반화의 규칙을 하나 더 첨가할 수 있다. 즉, 어느 한 명제함수의 존재양화는 그 명제함수의 어떠한 대체실례로부터도 추론될 수 있다: ⵁv ⊢ (ⵁx)(ⵁx).[3]

존재일반화 규칙을 사용하면 다음처럼, 결론이 존재양화의 명제함수인 추론의 타당성도 손쉽게 증명할 수 있다.

1. Sd (돌리는 양이다.)
2. Cd (돌리는 복제되었다.)   /∴ (ⵁx)(Sx · Cx) (복제 양이 존재한다.)
3. Sd · Cd   1, 2, 연언
4. (ⵁx)(Sx · Cx)   3, 존재일반화

어느 한 명제함수의 대체실례로부터 그 명제함수의 전칭양화를 추론하는 존재일반화와는 반대로, 존재실례는 어느 명제함수의 존재양화로부터 그 명제함수의 한 대체실례를 추론한다. 그러나 이 대체실례의 개체가 추론 안에서 이전에 출현했던 어떤 개체와 동일하리라고 기대할 수는 없으므로, 존재실례의 규칙은 이렇게 규정할 수 있다. 즉, 어느 한 명제함수의 존재양화로부터 그 문맥 내에서는 이전에 출현한 적이 없는 하나의 불특정 개체에 관한 대체실례를 추론할 수 있다: (ⵁx)(ⵁx) ⊢ ⵁv. 단, 여기서 v는 그 문맥 내에서는 이전에 출현한

---

3) 같은 책, 73쪽 참조.

적이 없는 개체이다.[4]

존재실례의 규칙은 다음과 같은 추론의 타당성 증명에 편리하게 사
용될 수 있다.

1. (x)(Nx → Ix) (자연수는 모두 정수이다.)
2. (∃x)(Rx · Nx) (약간의 유리수는 자연수이다.)
                        /∴ (∃x)(Rx · Ix) (어떤 유리수는 정수이다.)
3. Rs · Ns   2, 존재실례
4. Ns → Is   1, 전칭실례
5. Ns · Rs   3, 교환
6. Ns   5, 단순화
7. Rs   3, 단순화
8. Is   4, 6, 전건긍정
9. Rs · Is   8, 7, 연언
10. (∃x)(Rx · Ix)   9, 존재일반화

4) 같은 책, 72-73쪽 참조.

2. 다음은 논증 '어떤 거미(S)는 독이 있다(P). 그리고 어떤 개미(A) 또한 독이 있다. 그러므로 어떤 거미는 개미이다.'의 타당성 증명이다. 이 증명에서 잘못된 부분을 지적하고 그 이유를 설명하라.

1. $(\exists x)(Sx \cdot Px)$

2. $(\exists x)(Ax \cdot Px)$ $/\therefore$ $(\exists x)(Sx \cdot Ax)$

3. $Ss \cdot Ps$ 1, 존재실례

4. $As \cdot Ps$ 2, 존재실례

5. Ss 3, 단순화

6. As 4, 단순화

7. $Ss \cdot As$ 5, 6, 연언

8. $(\exists x)(Sx \cdot Ax)$ 7, 존재일반화

2. 추론의 부당성 증명

1) 양화사 없는 명제함수들로 이루어진 추론형식의 부당성

이미 11장에서 설명했듯이, 타당한 추론형식의 해석들 가운데 전제가 참인 것들은 결론 또한 참일 수밖에 없다. 따라서 어떤 추론형식으로부터 해석되어 나온 추론들 중에서 단 하나라도 전제가 참이고 결론이 거짓인 것이 있다면, 그것은 그 추론형식이 부당함을 의미할 것이다. 그러므로 어떤 추론형식으로부터 전제가 참이지만 결론은 거짓인 추론을 1개만 해석해낸다면, 그것으로 그 추론형식의 부당성은 증명된 것이다. 이제 전제가 참인데도 결론이 거짓인 해석을 찾는 방법으로 다음 추론의 부당성을 증명해보자.

1. A → (B · C)
2. D → (A∨E)
3. ~C   /∴ D → B

결론이 거짓이 되려면, D는 참이고 B는 거짓이라야 한다. 그리고 전제가 참이기 위해서는 전제의 세 명제가 모두 참이라야 한다. 먼저, 3번 줄의 전제 ~C가 참이니 C는 거짓이다. 그 다음으로, 1번 줄을 보면, C가 거짓이므로 (B · C)는 거짓인데, A → (B · C)가 참이 되려니까 A는 거짓일 수밖에 없다. 마지막으로 2번 줄에서는, D가 참이므로, D → (A∨E)가 참이 되려면 (A∨E) 또한 참이 되어야 하는데, A가 거짓이므로 E는 참이라야 한다. 그러니까 명제기호 A, B, C에는 거짓인 명제를 대입하고, D와 E에는 참인 명제를 대입하면, 위의 추론식은 부당한 추론으로 해석될 수 있고, 이로써 그것의 부당성은 증명된다.

3. 각 명제기호에 진릿값을 배정하는 방식으로 다음 추론의 부당성을
증명하라.

① 1. A → (B → C)
   2. D → (A · B)
   3. C → D   / ∴ A ↔ C

② 1. A → (B · ~C)
   2. (B∨C) → D
   3. A   / ∴ D

2) 양화사를 지닌 명제함수들을 포함한 추론형식

양화사를 지닌 명제형식은 그것에 대한 모든 해석들의 논리적 곱이나 합과 논리적으로 동치이다. 예를 들어, '모든 사람은 죽는다.' [(x)(Hx → Mx)]는 'h₁도 죽고, h₂도 죽고, h₃도 죽고, ……'[Mh₁ · Mh₂ · Mh₃ · ……]와 논리적으로 동치이다. 또 '어떤 사람은 죽는다.' [(∃x)(Hx → Mx)]는 'h₁이 죽거나, h₂가 죽거나, h₃가 죽거나, ……' [Mh₁∨Mh₂∨ Mh₃∨……]의 논리적 동치이다.[5]

양화사를 지닌 명제함수들로 구성된 추론형식의 부당성 증명은 그 형식을 단칭명제들과 그것들의 논리적인 중합(重合)으로 구성된, 그것과 논리적 등가의 추론으로 해석한 후, 위에서와 같은 진릿값 배정의 방법을 사용하여 그 추론이 부당함을 증명함으로써 이루어진다. 이러한 방식으로 예를 들어, 추론 '파리는 곤충이고 모기 또한 곤충이므로 파리는 모기이다.'의 부당함을 증명해보자.

(가) 1. (x)(Fx → Ix) (파리는 곤충이다.)
 2. (x)(Mx → Ix) (모기는 곤충이다.)　/∴ (x)(Fx → Mx)(파리는 모기이다.)

(가)가 타당하다면, 여러 반사실적 가상 상황에서도 타당할 것이다. 지금 남한과 북한이 통일되어 있다 하더라도 타당할 것이고, 남한만의 인구가 1억을 넘는 상황에서도 타당할 것이며, 전쟁으로 인류가 지구상에서 사라져버렸거나, 심지어는 이 세상에 단 하나의 개체만이 존재하는 상황에서도 타당할 것이다. 이제 이 세상에 존재하는 개체가

---

5) 같은 책, 78쪽 참조.

a 하나뿐이라고 상정하면, (가)는 (가′)로 바뀐다.

(가′) 1. Fa → Ia
　　 2. Ma → Ia　　 /∴ Fa → Ma

　여기서 Fa와 Ia에는 참인 명제를 대입하고, Ma에는 거짓인 명제를 대입하면 (가′)는 부당한 추론으로 해석된다. 그러므로 (가′)는 부당하며, 이로써 (가)의 부당성이 증명된다.
　같은 방식으로 이번에는 추론 '코브라는 모두 독이 있는데 어떤 거미는 독이 있다. 그러므로 코브라는 거미이다.'의 부당성을 증명해보자.

(나) 1. (x)(Cx → Px) (코브라는 모두 독이 있다.)
　　 2. (∃x)(Sx · Px) (어떤 거미는 독이 있다.)　 /∴ (x)(Cx → Sx) (코브라는 거미이다.)

　단 하나의 개체 a만이 존재하는 상황에서 (나)는 (나′)〔(Ca → Pa) · (Sa · Pa)〕⊢ (Ca → Sa)로 바꿔 쓸 수 있는데, (나′)는 타당하다.
　이제 이 세상에 a와 b 단 2개의 개체만이 존재한다는 가정하에 (나)를 다음과 같이 (나″)로 바꿔 쓴다.

(나″) 1. (Ca → Pa) · (Cb → Pb)
　　 2. (Sa · Pa) ∨ (Sb · Pb)　　　　 /∴ (Ca → Sa) · (Cb → Sb)

　여기서 Ca, Cb, Pa, Pb와 Sb에는 참인 명제를 대입하고, Sa에는 거짓인 명제를 대입하면, (나″)는 부당한 추론으로 해석된다. 그러므로 (나″)는 부당하며, 이로써 (나)의 부당성이 증명된다.

4. 각 명제기호에 진릿값을 배정하는 방식으로 다음 추론의 부당성을
증명하라.

① 1. (x)(Tx → ~Vx)
   2. (x)(Vx → Ux)   / ∴ (x)(Tx → ~Ux)

② 1. (x)(Bx → Cx)
   2. (∃x)(Cx · ~Ax)   / ∴ (∃x)(Ax · ~Bx)

종합문제

각 명제기호에 진릿값을 배정하는 방식으로 다음 추론의 부당성을 증명하라.

① 1. H → A
   2. I → A   / ∴ I → H

② 1. B → P
   2. G → ~B   / ∴ G → ~P

③ 1. U → K
   2. K → M   / ∴ U → M

④ 1. (E · F) → G
   2. H → (F · E)
   3. G → H   / ∴ G ↔ E

⑤ 1. (A · B) → C
   2. (B · ~C) → D
   3. (C∨D) → E   / ∴ A → E

⑥ 1. (x)(Rx → ~Bx)
   2. (x)(Lx → Rx)   / ∴ (x)(Lx → Bx)

⑦ 1. (x)(Sx → Bx)
   2. (x)(~Bx → ~Dx)   / ∴ (x)(Dx → ~Sx)

⑧ 1. (x)(Ax → ~Ex)

  2. (∃x)(Ax · Px)   / ∴ (∃x)(Ex · Px)

⑨ 1. (∃x)(Fx · Gx)

  2. (∃x)(~Fx · ~Gx)   / ∴ (∃x)(~Fx · Gx)

⑩ 1. (x)(Ax → Fx)

  2. (∃x)(Fx · Wx)   / ∴ (∃x)(Wx · Ax)

⑪ 1. (x)(Ex → Fx)

  2. (∃x)(Gx · ~Fx)   / ∴ (∃x)(Ex · ~Gx)

⑫ 1. (x)(Ax → Bx)

  2. (∃x)(Ax · Cx)

  3. (∃x)(Bx · ~Ax)   / ∴ (∃x)(Bx · ~Cx)

⑬ 1. (x)(Fx → Gx)

  2. (∃x)Gx → (∃x)Hx   / ∴ (x)(Fx → Hx)

⑭ 1. (x)(Fx → Gx)

  2. (x)(Hx → Ix)

  3. Gx∨Hx   / ∴ Fx∨Ix

⑮ 1. (x)(Ax → ~Bx)

  2. (∃x)(Cx · ~Bx)   / ∴ (x)(Ax → Cx)

문제에 대한 해답

❶ 논리와 추론

연습문제

1. 다음의 지문들 각각이 추론을 표현하는지 아닌지를 말하라. 그리고 만약 그렇다면, 그것이 (연역추론을 표현한다는 가정하에) 타당한지를 결정하라.
   ① 그가 그때 기적을 행사했다면 나는 그를 신의 아들로 기꺼이 인정할 수 있을 것이다. 하지만 그는 어떤 기적도 보여주지 못했기에 나는 그를 신의 아들로 인정할 수 없다.
      ⇨ 추론; 부당.
2. 다음의 추론이 연역추론인지 귀납추론인지 말하라.
   ① 다음 타석에 대기 중인 롯데 자이언츠 손아섭 타자는 바뀐 투수인 권혁 선수와의 대결에서 14타수 1안타를 기록 중이며 그 1안타도 내야 안타이다. 이런 기록을 볼 때 지금 손아섭 선수에게서 안타를 기대하기 어렵고 그래서 당연히 다른 선수로 교체해주는 것이 롯데 입장에서는 수순인 것 같다.
      ⇨ 귀납추론을 표현한다고 해석됨.
3. 다음의 추론들이 타당한지 부당한지를 밝히라. 아울러 전제와 결론의 진리성을 검토하라.
   ① 만약 까마귀가 조류라면 그것은 알을 낳는 동물임에 틀림없는데, 까마귀라면 무엇이든 알을 낳는다. 따라서 까마귀는 조류이다.
      ⇨ 부당; 전제와 결론은 모두 참.

종합문제

다음에 제시된 지문들 각각이 추론을 표현하는지를 우선 결정하라. 그리고 만약 그렇다면 그것의 전제와 결론이 무엇인지를 지시하고 그것이 (연역추론을 표현한다는 가정하에) 타당한지 부당한지를 밝히라.

① 내일 야구 경기는 취소될 거야. 내일 비가 많이 올 것 같으니까.
   ⇨ (연역)추론; 전제: (1) 내일 비가 많이 올 것이다 (2) 만일 내일 비가 많이 온다면 내일 야구 경기는 취소될 것이다(생략/암시된 전제). 결론: 내일 야구 경기는 취소될 것이다; 타당한 추론.
⑤ 모든 영웅이 될 수 있는 자질을 갖춘 자는 술을 즐기며 잘 마신다. 그가 술을 즐기고 잘 마시는 것으로 보아, 그 역시 영웅이 될 수 있는 자이다.
   ⇨ (연역)추론; 전제: (1) 모든 영웅이 될 수 있는 자질을 갖춘 자는 술을 즐기고 잘 마신다 (2) 그는 술을 즐기고 잘 마신다. 결론: 그는 영웅이 될 수 있는 자질을 갖춘 자이다; 부당한 추론.
⑩ 피의자 오 씨가 범인임에 틀림없다. 만약 그가 범인이라면 지난 번 실시된 거짓말 탐지기 검사에서 양성반응을 보였을 텐데, 그는 지난 거짓말 탐지기 검사에서 실제로 양성반응을 보였다.

⇨ (연역)추론; 전제: (1) 만약 그가 범인이라면 지난 번 실시된 거짓말 탐지기 검사에서 양성반응을 보였을 것이다. (2) 그는 지난 번 실시된 거짓말 탐지기 검사에서 양성반응을 보였다. 결론: 피의자 오 씨가 범인이다; 부당한 추론.

❷ 정언명제와 직접추론

연습문제

1. 다음의 일상어 명제가 네 가지 표준 정언형식 중 어디에 속하는지 말하라.
   ① 일찍 일어나는 새만이 벌레를 잡는다.
      ⇨ 모든 벌레를 잡는 새는 일찍 일어나는 새이다; '모든 S는 P이다.' (A형)
2. 아리스토텔레스의 대당사각형을 이용하여 다음의 물음에 대해 (표준형식의) 정언명제로 답하라.
   ① '어떤 해병대원도 겁쟁이가 아니다.'의 소함축 명제는 무엇인가?
      ⇨ 어떤 해병대원은 겁쟁이가 아니다.
3. 현대적 관점에 따른 대당사각형을 이용하여 다음의 질문에 대해 (표준형식의) 정언명제로 답하라.
   ① '삶은 비참하다.'가 참이라면 반드시 거짓인 명제는 무엇인가?
      ⇨ 어떤 삶은 비참하지 않다.
4. 정언명제의 환위, 환질, 이환 및 직접추리에 관한 다음의 문제들에 답하라.
   ① '어떤 고래도 물고기가 아니다.'에 대한 환위명제를 써라.
      ⇨ 어떤 물고기도 고래가 아니다.

종합문제

1. 다음 지문들 각각이 표현하는 직접추론이 타당한지 부당한지를 밝히라. 만약 그것이 타당하다면 그 이유를 말하라.
   ① 권력은 어떤 것이든 부패하기 쉬운 것이기에, 쉽게 부패하지 않는 모든 것은 권력이 아니다.
      ⇨ 타당; 결론이 A명제인 전제의 이환문.
   ⑤ 모든 사람이 죽는다는 것은 거짓이지. 따라서 이 세상엔 불멸하는 사람이 적어도 한 명 이상은 있어.
      ⇨ 타당; 전제는 A명제의 부정이고 결론은 O명제; A와 O는 모순관계.
   ⑩ 어떤 사람도 물질 없이 살 수 있는 존재가 아니기 때문에, 물질 없이 살 수 있는 그 어떤 존재도 사람이 아닌 것이다.
      ⇨ 타당; 결론이 E명제인 전제의 환위문.
   ⑮ 민주당 내에 대북 강경론자가 있다는 것은 거짓이므로, 어떤 민주당원도 대북 강경론자가 아니라고 할 수 있다.
      ⇨ 타당; 전제는 I명제의 부정이고 결론은 E명제; I와 E는 모순관계.

⑳ 지식인들 중에 진정한 진보주의자도 있다. 왜냐하면 진정한 진보주의자가 아닌 지식인이 존재한다는 것은 거짓이기 때문이다.

⇨ 고전적 해석에서만 타당; 전제는 O명제의 부정으로서 A명제이고 결론은 I명제; A와 I는 소함축관계.

2. 정언명제의 조작에 관한 다음의 질문에 답하라.

1) 다음 정언명제들을 환질하라.

① 어떤 책들은 철학서이다.

⇨ 어떤 책들은 비–철학서가 아니다.

③ 어떤 막걸리도 독주가 아니다.

⇨ 모든 막걸리는 비–독주(독주가 아닌 것; 독주가 아닌 술)이다.

❸ 정언삼단추론과 개념의 주연 및 부주연

연습문제

1. 다음에 제시되는 일상어로 표현된 정언삼단추론을 표준형식으로 재구성하라.

어떤 개별 행위이든지 다른 모든 가능한 행위들과 비교할 때 공익을 극대화한다면 그것은 최선의 결과를 초래하는 행위라고 할 수 있다. 하지만 진정한 의미에서 '공익'이란 무엇인가? 그것은 곧 공공의 행복, 혹은 사회적 행복과 다르지 않기에, 최대의 공공의 행복을 초래하는 행위는 공익을 극대화하는 행위이다. 고로, 공공의 행복을 극대화하는 행위가 그 주어진 상황에서 최선의 결과를 초래하는 것이다.

⇨ 모든 공익을 극대화하는 행위는 최선의 결과를 초래하는 행위이다. (대전제)

모든 최대의 공공의 행복을 초래하는 행위는 공익을 극대화하는 행위이다. (소전제)

∴ 모든 공공의 행복을 극대화하는 행위는 최선의 결과를 초래하는 행위이다. (결론)

2. 다음의 정언삼단추론에서 매개념과 대전제는 무엇인가?

① 소는 포유동물이다. 그런데 어떤 말도 소가 아니다. 그러므로 말은 모두 포유동물이 아니다.

⇨ 매개념: 말; 대전제: 소는 포유동물이다.

3. 〈보기〉는 앞의 추론 (가)를 기호화한 것이다. 이와 같은 방식으로 다음의 두 정언삼단추론을 기호화하라. (S, P, M은 각각 결론의 주어, 결론의 술어, 매개념을 각각 나타내며, 아래첨자 d와 u는 주연과 부주연을 각각 나타낸다.)

〈보기〉
S_d A M_u
M_d A P_u
∴ S_d A P_u

① 어떤 철학자는 수학자이다. 따라서 어떤 논리학자는 철학자이다. 왜냐하면 논리학자는 모두 수학자이기 때문이다.

⇨ P_u I M_u

　　S_d A M_u

　　∴ S_u I P_u

4. 주연 및 부주연의 개념(주연과 부주연에 관한 추론규칙)을 이용하여 다음에 제시되는 정언 삼단추론의 타당성을 검토하라.

　① 고래는 물고기가 아니다. 그런데 돌고래는 고래이다. 그러므로 돌고래는 물고기가 아니다.

　　⇨ 타당; 매개념 '고래'가 한 번만 주연되었고 대개념 '물고기'와 소개념 '돌고래'는 각각 두 번 주연되었음. 부정전제(1개)와 부정결론(1개)의 수는 같음.

종합문제

다음에 제시되는 지문들이 표현하는 정언삼단추론들을 표준형식으로 재구성하고 기호화하라. 아울러 주연/부주연에 대한 추론규칙에 입각하여 그것의 타당성을 평가하라.

① 모든 말은 생물이며 말이라면 어떤 것이든 네 발 달린 짐승이다. 그러므로 모든 네발 달린 짐 승은 생물이다.

　⇨ 모든 말은 생물이다.

　　모든 말은 네 발 달린 짐승이다.

　　∴ 모든 네 발 달린 짐승은 생물이다.

　　M_d A P_u

　　M_d A S_u

　　∴ S_d A P_u

　부당; 매개념이 두 번 주연됨. 소개념이 한 번만 주연됨.

⑤ 중화주의자는 곧 국수주의자이다. 그런데 어떤 중국인은 중화주의자이므로, 어떤 중국인은 국수주의자임이 분명하다.

　⇨ 모든 중화주의자는 국수주의자이다.

　　어떤 중국인은 중화주의자이다.

　　∴ 어떤 중국인은 국수주의자이다.

　　M_d A P_u

　　S_u I M_u

　　∴ S_u I P_u

　타당; 매개념이 단 한 번 주연됨. 대개념과 소개념 각각 두 번씩 주연됨. 부정전제(0개)와 부 정결론(0개)의 수가 같음.

⑩ 어떤 원숭이도 '자율적인 존재'라고 간주할 수 없다. 하지만 인간이란 무엇인가? 그것은 본 질적으로 자율적인 존재이지 않은가? 결국 어떤 인간도 원숭이가 아니다.

　⇨ 어떤 원숭이도 자율적인 존재가 아니다.

　　모든 인간은 자율적인 존재이다.

　　∴ 어떤 인간도 원숭이가 아니다.

P_d E M_d

S_d A M_u

∴ S_d E P_d

타당; 매개념은 단 한 번 주연됨. 대개념은 두 번, 소개념도 두 번 주연됨. 부정전제(1개)와 부정결론(1개)의 수가 같음.

⑮ FTA에 반대하는 어떤 사람은 자영업자이다. 모든 자영업자는 기득권자이다. 고로 어떤 기득권자는 FTA에 반대하지 않는다.

  ⇨ FTA에 반대하는 어떤 사람은 자영업자이다.

  모든 자영업자는 기득권자이다.

  ∴ 어떤 기득권자는 FTA에 반대하는 사람이 아니다.

  P_u I M_u

  M_d A S_u

  ∴ S_u O P_d

부당; 대개념이 한 번만 주연되고 부정전제의 수(0개)와 부정결론의 수(1개)가 다름.

⑳ 진정한 예술가의 본질은 무엇인가? 누군가가 진정한 예술가라면 그는 필연적으로 돈에 무관심하다. 하지만 이른바 '대중 음악가'들 중 다수는 돈에 무관심하지 않으며 그 반대로 그것에 혈안이 되어 있다. 따라서 어떤 대중 음악가는 진정한 예술가가 아니다.

  ⇨ 모든 진정한 예술가는 돈에 무관심한 사람이다.

  어떤 대중 음악가는 돈에 무관심한 사람이 아니다.

  ∴ 어떤 대중 음악가는 진정한 예술가가 아니다.

  P_d A M_u

  S_u O M_d

  ∴ S_u O P_d

타당; 매개념은 단 한 번 주연되었음. 대개념은 두 번 주연되었으나 소개념은 두 번 모두 부주연되었음. 부정전제(1개)와 부정결론(1개)의 수는 같음.

❹ 벤다이어그램과 정언추론의 타당성

연습문제

1. 벤다이어그램을 사용하여 다음의 정언명제들을 표현하라.

  ① 정서를 지닌 로봇은 존재하지 않는다.

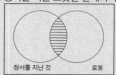

2. 벤다이어그램을 이용하여 다음 정언삼단추론의 타당성을 검토하라.

① 고래는 물고기가 아니다. 그리고 돌고래는 고래이다. 그러므로 돌고래는 물고기가 아니다.

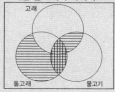

타당

종합문제

다음에 제시되는 지문들이 표현하는 정언삼단추론 각각을 표준형식으로 재구성하고 벤다이어 그램을 통해 그것의 타당성을 검토하라.

① 모든 공학인은 예술가가 아니다. 왜냐하면 어떤 공학인도 풍부한 감성의 소유자라 할 수 없 으며, 예술가라면 누구나 풍부한 감성의 소유자이기 때문이다.

타당

⑤ 농구선수 중엔 덩크슛을 할 수 없는 사람도 있으며, 모든 농구선수는 느리지 않다. 그래서 덩 크슛을 할 수 있는 어떤 사람은 느리지 않다.

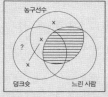

부당

⑩ 어떤 자유인은 정치인이며, 권력을 갈망하는 어떤 자도 자유인이 아닌 까닭에, 모든 정치인 은 권력을 갈망한다고 할 수 있다.

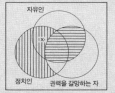

부당

⑮ 이번 사고로 부상을 당한 사람들 중엔 어린아이도 있는 것이 확실하다. 버스에 탑승했던 모 든 사람들이 이번 사고로 중경상을 당했는데, 버스 탑승자 중엔 어린아이도 있었다는 것이 확인되었다.

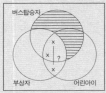

타당

⑳ 계산에 능하지 않은 자영업자는 없다. 그런데 계산에 능한 어떤 사람은 이타적이지 않다. 바로 이러한 이유에서 어떤 자영업자는 이타적이다.

부당

❺ 무관성의 오류 I: 감정이나 욕구에 의해 오도되는 추론

연습문제

1. 다음의 추론이 어떤 오류를 범하고 있는지 설명하라.
   ① 우리 담임이 좋은 선생이라고? 넌 어떻게 그런 생각을 할 수가 있지? 네가 계속 그렇게 생각하면 난 우리 반 애들한테 다 말해버릴 거야. 그러면 넌 아마 바보 취급을 당하거나 왕따가 될 걸.
   ⇨ 힘에의 호소; 논자의 명시적인 전제는, 청자가 결론('담임선생님은 좋은 선생님이 아니다.')을 받아들이지 않을 경우 불이익을 당하도록 할 것이라는 협박에 불과함.

2. 다음의 추론이 어떤 오류를 범하고 있는지 설명하라.
   ① 교수님, 저의 학점을 한 등급만 상향 조정해주시길 바랍니다. 저는 일주일 전 사고를 당하여 입원치료를 받았으며 아직도 완쾌가 되지 않은 상태입니다.
   ⇨ 연민에 호소; (명시적) 전제는 (교수가 논자의 학점을 상향 조정해야 한다는) 결론을 논리적으로 지지해주지 못하며 단지 교수의 동정심을 유발.

3. 다음의 추론이 어떤 오류를 범하고 있는지 설명하라.
   ① 세계경제가 침체인 이 시점에서 지나가는 사람에게 길을 막고 물어보라. 지난 정부가 현 정부보다 경제정책을 더 잘했다고 대답할 사람은 한 사람도 없을 것이다.
   ⇨ 대중에 호소; '세계경제가 침체인 이 시점에서 지난 정부가 현 정부보다 경제정책을 더 잘하지 못했다.'라는 결론이 생략되었음; 명시적인 전제는 단지 대다수 사람들이 그렇게 믿는다는 것임.

4. 다음의 추론이 어떤 오류를 범하고 있는지 설명하라.
① 태블릿 PC 살 생각 있어? 그렇다면 애플의 아이패드 2보다는 삼성전자의 갤럭시 노트 2를 사는 게 어때? 다른 것을 다 떠나서 갤럭시 노트 2는 바로 얼마 전 출시된 최신형이잖아.
⇨ 새로움에 호소; 논자는 단지 갤럭시가 최신형이라는 이유로 그것이 다른 것보다 더 좋다는 주장을 내세우고 있다.

5. 다음의 추론이 어떤 오류를 범하고 있는지 설명하라.
① 사장님, 이 신형 스포츠카 한번 보시죠. 개인적으로 강추합니다. 힘도 좋고 튼튼하고요, 강한 남성미가 물씬 풍기지 않습니까?
⇨ 선호에 호소; 논자는 신형 스포츠카가 (사장의 선호대상인) '강한 남성미'를 느끼게 한다는 이유로 사장이 그것을 사야 한다고 주장하고 있음.

6. 다음의 추론이 어떤 오류를 범하고 있는지 설명하라.
① 북한 정권의 붕괴가 멀지 않은 것 같다. 어제 예배 때 우리 교회 목사님께서 그렇게 예견하셨다.
⇨ 권위에 호소; 논자는 '목사님들은 북한 관련 전문가이다.'라는 잘못된 가정하에 그의 교회 목사님의 북한에 관한 말로부터 북한 정권의 붕괴를 예측하고 있다.

종합문제

다음의 추론이 어떤 오류를 범하고 있는지 밝히라.
① 불교 지도자들이 내놓은 이번 시국 선언에 따르면, 4대강 사업은 주변 생태계에 악영향을 미칠 것이고 정부가 강조하는 '경제적 효과'도 미미할 것이다. 결국, 4대강 사업은 환경 파괴적이며 경제적으로도 비효율적이다. 고로 4대강 사업은 즉각 재고되어야 한다.
⇨ 권위에 호소하는 오류.
⑤ 공산주의 이념은 그릇된 신념체계이다. 북한과 대치 중인 우리나라 국민 대다수는 특히 공산주의에 대해 강한 적대감을 가지고 있거나 위협을 느끼고 있다. 결국 우리 사회에서 공산주의를 신봉한다는 것은 곧 위험인물로 낙인찍힌 채 따가운 시선을 받으며 사는 것을 의미한다.
⇨ 힘에 호소하는 오류.
⑩ 아직도 데카르트를 운운하는가? 포스트모던의 시대에 고리타분하고 낡아빠진 300년 전의 세계관을 아직도 신봉하는 자가 있다는 것이 신기할 따름이다. 제발 좀 구시대적 발상에서 벗어나 최첨단의 철학사상으로 눈을 돌리길 바란다.
⇨ 새로움에 호소하는 오류.
⑮ 소극적 안락사의 일종인 존엄사의 의료행위는 윤리적으로 정당한 반면 적극적 안락사 — 치명적 약물을 직접 주사하여 환자를 죽이는 행위 — 는 그것이 비록 환자의 동의하에 이루어진다고 할지라도 옳지 못하다. 존엄사의 경우 그것의 윤리적 정당성에 대해 충분한 사회적 합의가 이루어졌다고 할 수 있지만, 적극적 안락사의 경우 전혀 그렇지 못하기 때문이다. 여전히 절대 다수의 사람들이 적극적 안락사에 반감을 나타내며 그것이 윤리적으로 부당하다고 굳게 믿는다.
⇨ 대중(대중의 신념)에 호소하는 오류.

⑥ 무관성의 오류 II: 혼동추론

연습문제

1. 다음의 추론이 어떤 오류를 범하고 있는지 설명하라.

① 촛불집회 사건에 개입한 모 대법관이 사퇴해야 한다는 최 변호사의 주장은 정당하지 못하다. 왜냐하면 그는 뇌물수수 혐의로 판사직에서 물러난 사람이기 때문이다.

⇨ 인신공격의 오류; 논자의 결론은 모 대법관이 사퇴할 필요가 없다는(사퇴해야 한다는 주장이 거짓이라는) 것이고, (명시적) 전제는 이러한 주장을 한 사람(최 변호사)이 불미스런 행동을 하였다는, 결론과 무관한 일종의 '인신공격'에 불과함.

⑤ 나는 정치인의 도덕적 주장을 신뢰하지 않는다. 그들의 도덕적 주장은 사실 그들 자신의 이익을 위해 남을 통제하는 수단일 뿐이니까.

⇨ 정황적 오류; 논자는 정치인들이 대중을 통제하기 위해 도덕적인 주장을 한다는 정황적 이유 하나만으로 그 (도덕적) 주장 자체가 신뢰할 만하지 않다고 단언하고 있음.

2. 다음의 추론이 어떤 오류를 범하고 있는지 설명하라.

① 구당 선생의 침과 뜸 시술이 과연 그의 주장처럼 암 치료에까지 효과적일까? 결론부터 말하자면 그렇지 않다. 우리는 아직 그 효능을 입증할 만한 과학적 근거를 지니고 있지 않다. 그로부터 침과 뜸 시술을 받은 암 환자 중에 호전된 사례가 있음은 사실이다. 하지만 그 암 환자들이 그의 시술로 인해 그렇게 되었는지 아니면 다른 이유에 의해 그렇게 되었는지는 검증된 바 없다.

⇨ 무지에 호소하는 오류; 추론(논증)자는 구당 선생의 침과 뜸 시술이 암 치료에 효과적이라는 것이 아직 밝혀지지 않았다는 (즉 그 치료 효과를 아직 알지 못한다는) 명시적 전제로부터 그러한 시술이 효과적이지 않다는 결론으로 비약함; 이 추론은 어떤 명제를 알지 못한다면 그것은 무조건 거짓이라는 잘못된 가정으로 이루어짐.

3. 다음의 추론이 어떤 오류를 범하고 있는지 설명하라.

① 지금까지 우리 집안은 아무 일 없이 무사태평했는데, 새로 며느리가 들어온 후부터 집안에 크고 작은 우환이 그치질 않는다. 그러므로 새 며느리는 반드시 내쫓아야 한다.

⇨ (거짓원인의 오류 중) 선행사건을 원인과 혼동하는 오류; 논자는 새 며느리가 들어온 것이 집안에 생긴 우환에 시간적으로 선행한다는 이유 하나만으로, 전자가 후자의 원인이라 결론 내림; 추론자는 어떤 것보다 먼저 일어난 사건이 곧 그것의 원인이라고 잘못 가정하고 있음.

4. 다음의 추론이 어떤 오류를 범하고 있는지 설명하라.

① 내 친한 친구, 여자 친구, 사촌 동생이 모두 A형이거든. 그런데 잘 생각해보면 이들 모두 작은 일에도 상처 잘 받고 한번 상처받으면 오래 꽁해 있는 경향이 있어. A형 사람들이 소심하고 뒤끝이 있다는 말이 틀린 얘기는 아닌 것 같아.

⇨ 성급한 일반화의 오류; 논자의 결론은 A형 혈액형에 속하는 모든(혹은 대부분의) 사람들이 소심하고 뒤끝이 있다는 일종의 일반화 명제인데, 논자의 전제(그가 아는 3명의 A형 사람들이 이런 성향을 지닌다는 것)는 설사 참일지라도 이 결론을 잘 지지하지 못함.

5. 다음의 추론이 어떤 오류를 범하고 있는지 설명하라.
  ① 그의 행동이 비록 의로운 동기에 의한 것이지만, 그래도 그는 폭행 및 상해죄에 의해 처벌
  받아야 한다. 은행 강도를 제압하는 과정에서 그는 강도의 머리를 내리쳐서 의식을 잃게
  만들었으며, 전치 10주의 부상을 입혔기 때문이다.
    ⇨ 우연의 오류; 논자의 결론은 은행 강도를 제압하는 과정에서 신체적 손상을 입힌 사람
    이 폭행 및 상해죄에 의해 처벌받아야 한다는 것인데, 이는 '폭행' 및 '상해'를 처벌하는
    현행법이 (불법적 행위를 저지하는) '의로운' 행위에도 예외 없이 적용된다는 잘못된
    가정에 기초함.
6. 다음의 추론이 어떤 오류를 범하고 있는지 설명하라.
  ① 남자와 여자 사이에 엄연한 차이가 존재한다는 것은 삼척동자도 다 알 수 있는 사실
  실이니, 이른바 '페미니즘'은 명명백백한 허구일 뿐이다.
    ⇨ 허수아비 논증의 오류; 논자는 '페미니즘'이 틀렸다고 주장하지만, 논자가 이에 대해
    제시하는 근거는 다만, 페미니즘이 남녀의 차이를 전면적으로 부정한다는 오해 내지는
    왜곡된 해석일 뿐임.
7. 다음의 추론이 어떤 오류를 범하고 있는지 설명하라.
  ① 선생님이 날 따로 부르셨지만 별일 없을 것 같아. 한별이와 나 둘만 부르셨는데 한별이는
  칭찬을 받았는데. 나도 한별이랑 뭐 다를 게 있나? 나도 걔만큼 키도 크고 잘생긴데다 성격
  도 좋잖아?
    ⇨ 약한 유비의 오류; 논자는 자신과 한별이 간의 몇 가지 유사성(큰 키, 좋은 외모와 성
    격)을 이유로 선생님으로부터 한별이와 같은 대우를 받을 것이라 기대하고 있으나, 논
    자가 제시하는 유사성들은 그가 기대하는 '유사한 대우'와의 연관성을 결여함.
8. 다음의 추론이 어떤 오류를 범하고 있는지 설명하라.
  ① 검사: 여러 정황상으로 볼 때 그는 거액의 뇌물을 수수했음이 분명합니다. 무엇보다도
    검찰 심문에서 사장이 뇌물을 주었다고 증언했습니다. 또한 그의 계좌에서 출처 불
    명의 현금이 거액으로 한꺼번에 입금된 사실이 있고 그의 동생 자택에서 사장 명의
    로 발급된 수표가 발견되었습니다.
  변호사: 그분이 비록 뇌물수수 혐의를 받고 있지만 훌륭한 정치인임이 분명합니다. 장관과
    총리를 역임하며 국가 위기 때마다 뛰어난 리더십을 발휘했으며, 특히 여성 인권
    의 신장과 대한민국 민주주의 발전에 크게 기여하신 분입니다. 아직도 우리나라를
    위해 할 일이 많으신 분이시지요.
    ⇨ 논점일탈의 오류; 변호사는 현재의 논제(혹은 쟁점)가 피고인이 뇌물을 수수했는지의
    여부임에도 불구, 이에 대한 논증은 제시하지 않은 채 엉뚱하게도 피고인이 훌륭한 정
    치인이라는 논지를 펴고 있음.
9. 다음의 추론이 어떤 오류를 범하고 있는지 설명하라.
  ① 독도는 엄연히 우리의 땅이다. 짧게 말해 대한민국 국민으로서 독도가 대한민국 영토라는
  것을 부정하는 것은 친일매국 행위와 다름없다는 것을 명심해야 한다.
    ⇨ 우물에 독 뿌리는 오류; 논자의 결론은 독도가 우리 땅이라는 주장이고, 명시적 전제는

이를 부정함은 윤리적으로 비난받을 만하다는 것임; 이 논증은, 어떤 주장/신념이든 윤리적으로 비난받을 만하다면 그것은 거짓이라는, 다시 말해 주장의 규범성과 진리성을 혼동하는 암묵적인 전제로 구성된다고 볼 수 있음.

종합문제

아래의 추론들이 어떤 오류를 범하고 있는지 밝히라.

① 〈철학의 이해〉 중간고사 문제: 경험주의는 옳은가? 본인의 입장과 그 이유를 서술하라.

답: 경험론에 따르면 인식은 경험과 독립하여 성립할 수 없다. 환언하면 그것은 어떠한 명제도 직간접적인 경험적 근거 없이는 알려질 수 없다는 주장이다. 경험론은 근대 영국에서 체계화되기 시작되었고 베이컨, 로크, 버클리, 흄 등이 근대의 대표적 경험론자들이라 할 수 있다.

⇨ 논점일탈의 오류.

⑤ 난 중국인들이 싫어, 왜냐하면 그들은 다른 나라를 무시하고 게으르며 불결하거든……. 우리 과에 중국에서 유학 온 애들 5명이나 있는데, 애들은 하나같이 안하무인으로 항상 자기들 나라만이 최고래. 게다가 전혀 공부를 열심히 할 생각은 않고 늘 냄새가 나.

⇨ 성급한 일반화의 오류.

⑩ 지금까지 세 군데의 교회를 다녔지만 이제부터는 절대 교회에 안 갈 거야. 우리나라 목사들에게 환멸을 느낀다. 그들은 하나같이 이익에 눈이 먼 장사꾼들에 불과한 것 같아. 내가 다녔던 교회 목사들은 신도들의 돈으로 호의호식하면서도 어떻게 하면 더 돈을 뜯어내고 신도 수를 늘릴까에 혈안이 된 사람들이었어.

⇨ 성급한 일반화의 오류.

⑮ 플라톤의 사상은 고대인의 환상에 불과하다. 아무리 살펴보아도 이 세상의 불완전한 만물이 모방하고 있는 '이데아들'의 세계, 즉 완벽한 삼각형, 완전한 말, 완전한 인간들의 세계는 존재하지 않는다.

⇨ 허수아비 논증의 오류.

⑳ 창조론은 진리이다. 진화론의 탄생과 더불어 이제껏 수없이 제기되어온 창조론에 대한 수많은 의심과 논박에도 불구하고, 창조론이 틀렸다는 것은 확실히 입증된 바 없다. (그리고 바로 이런 이유에서 사회지도층, 지식인을 포함한 많은 이들이 여전히 그들의 신앙의 일부로서 창조론을 강하게 믿는다.) 물론 창조론과 논리적으로 배치되는 진화론은 창조론에 대한 가장 주목할 만한 반대 근거이다. 수많은 자연과학자들이 '과학'의 이름으로 진화론을 주장해왔고 이에 대한 다양한 경험적 근거들을 제시해온 것이 사실이다. 그러나 이들의 '경험 과학적' 근거들조차도 진화론을 엄밀한 의미에서 '증명'할 수 없고 그래서 창조론을 확정적으로 기각할 수 없다.

⇨ 무지에 호소하는 오류.

⑦ 애매성의 오류와 부당한 가정의 오류

연습문제

1. 다음의 추론이 어떤 오류를 범하고 있는지 설명하라.
   ① 생명에의 위협을 무릅쓰고 물속에 뛰어든 그의 행동은 분명 크나큰 용기라고 할 수 있다. 그런데 용기란 어떤 행위가 위험하거나 어렵더라도 그것이 의로운 경우 기꺼이 하고자 하는 훌륭한 정서적 성향이므로, 그가 보여준 행동도 정서적 성향이다.
   ⇨ 애매어의 오류; '용기'(위험을 무릅쓴 가치 있는 행동 내지는 그러한 행동을 기꺼이 하고자 하는 정서적 경향성/성향/기질)라는 단어의 의미를 혼동하는 애매어의 오류를 범했다고 할 수 있음.

2. 다음의 추론이 어떤 오류를 범하고 있는지 설명하라.
   ① 그 탈북자는 악한 사람일 것이니 너는 각별히 조심해야 한다. 간단히 말해 북한은 악한 무리가 아닌가!
   ⇨ 분해의 오류; 논자는 '북한'이라는 하나의 집단이 악하기 때문에 그것을 이루는 구성원(북한 사람) 각각이 악하다는 식의 추론을 함.

3. 다음의 추론이 어떤 오류를 범하고 있는지 설명하라.
   ① 지금 이렇게 큰 고통을 겪는 것을 보면 내가 전생에 큰 잘못을 저질렀음이 분명하다.
   ⇨ 선결문제 요구의 오류; 논자는 현생에서의 고통이 전생의 죄에 대한 업보라는 것을 당연시하며 암묵적으로 전제하고 있으나, 이 형이상학적인 명제에 대해 어떤 이성적 합의도 이루어진 바 없음.

4. 다음의 추론이 어떤 오류를 범하고 있는지 설명하라.
   ① 당신의 그 천인 공로할 만행에 대해 그에게 사과했습니까?
   ⇨ 복합질문의 오류; 이 질문은 답변자가 (1) 누군가에게 '천인 공로할 만행'에 해당하는 어떤 행동을 했는가와 (2) 이러한 행동에 대해서 그에게 사과했는가를 한꺼번에 묻고 있음.

5. 다음의 추론이 어떤 오류를 범하고 있는지 설명하라.
   ① 영희 씨! 저와 결혼해주시거나 아니면 평생을 노처녀로 사십시오!
   ⇨ 거짓 이분법의 오류; 논자는 영희가 자신과 결혼하거나 평생을 노처녀로 살 것(즉 영희가 자신과 결혼하지 않는다면 그녀는 평생을 노처녀로 살 것)이라고 부당하게 가정하고 있음.

6. 다음의 추론이 어떤 오류를 범하고 있는지 설명하라.
   ① 너 오늘 저녁에 술자리 약속이 있다고 했지? 그거 당장 취소해. 거기 가면 넌 보나마나 늦은 시간까지 취하도록 마시게 될 것이고, 그렇게 되면 내일 아침 늦잠을 자서 수업에 출석하지 못할 것이 뻔해.
   ⇨ 연쇄반응의 오류; 논자는 청자가 술자리 약속을 취소해야 한다고 주장하면서, 후자가 술자리 참석으로 인해 늦게까지 취하도록 마실 것이며 이는 다음날 아침 늦잠과 수업 불참으로 이어질 거라고 별 이유 없이 전제하고 있음.

종합문제

다음의 추론이 어떤 오류를 범하고 있는지 밝히라.

① 아무리 생각해도 그가 요번에 쓴 시는 완벽한 걸작이다. 그 시의 문장 하나하나를 면밀히 살펴보라! 어떤 흠을 잡을 수 있겠는가?

⇨ 결합의 오류.

⑤ 이번에 결성된 우리 회사 사내 밴드가 내일 드디어 첫 콘서트를 갖습니다. 사원 여러분 모두 큰 기대를 가지셔도 좋을 것 같은데요……. 멤버들 모두 오랜 시간 아마추어 밴드 활동을 한 경력이 있다고 하는군요. 그 경력을 바탕으로 현재 그들 모두 프로 뮤지션 못지않은 훌륭한 연주력을 지녔다고 합니다.

⇨ 결합의 오류.

⑩ 기자: 이외수 선생의 신작에 대해 어떻게 평하시지요?

문학평론가: 너무나 훌륭한 작품입니다.

기자: 왜 그렇게 평가하시죠?

문학평론가: 어떤 책이든 대한민국을 대표하는 지식인들이 그 책을 추천한다면 일단 그 책은 좋은 책 아닙니까? 그런데 요번에 출판된 그의 소설은 그러한 사람들이 이구동성 추천할 것으로 보입니다.

기자: 어떻게 그런 예상을 하십니까?

문학평론가: 그의 책이 훌륭하니까요.

⇨ (선결문제 요구의 오류 중 하나인) 순환논증.

⑮ 베푸는 삶은 행복이다. 그런데 행복은 무엇을 의미하는가? 행복은 정의상 즐거움, 만족감, 유쾌함 등 좋은 기분이나 느낌들의 총합이 큰 경우라고 할 수 있다. 고로 베푸는 삶은 쾌락들의 총합이 큰 것이다.

⇨ 애매어의 오류.

⑳ 지금까지 그의 행적을 보면, 그는 우파 인사가 분명하다. 그러므로 좌파에 대한 국민의 인기가 땅에 떨어진 지금 그를 대선후보로 추대한 것은 올바른 선택이다.

⇨ 거짓 이분법의 오류.

⑧ 추론의 규칙 I : 연언추론, 단순화추론, 첨가추론

연습문제

1. 다음 추론은 어떤 추론의 규칙에 의거하여 타당한지를 밝히라.

① 그리스는 EU에 속한 국가이다. 이탈리아 또한 EU 국가들 중 하나이다. 그러므로 그리스와 이탈리아 모두는 EU 국가들이다.

⇨ 타당; 연언추론(규칙).

2. 다음 추론은 어떤 추론의 규칙에 의거하여 타당한지를 밝히라.

그가 방글라데시 출신이거나 파키스탄 출신이라는 기존의 언론보도는 참이라고 할 수 있다. 왜냐하면 적어도 그가 방글라데시 출신이라는 사실은 확인되었기 때문이다.

⇨ 타당; 첨가추론(규칙).

종합문제

다음의 지문들 각각이 표현하는 연역추론이 타당한지 부당한지를 평가하라. 만약 타당하다면 어떤 추론규칙에 의거하여 그러한지를 설명하라.

① 김 씨나 이 씨가 범행에 연루되었다는 언론보도는 오보가 아닌 것으로 판명되었다. 왜냐하면 적어도 김 씨가 범인이라는 사실은 확인되었기 때문이다.

⇨ 타당; 첨가추론(규칙).

⑤ 한국 사람들은 근면하다. 고로 한국인은 근면 성실한 민족이라고 할 수 있다.

⇨ 부당.

❾ 추론의 규칙 Ⅱ : 전건긍정추론, 후건부정추론, 가언삼단추론

연습문제

1. 다음의 추론이 타당한지 아닌지 판단하라. (타당하거나 부당하거나 간에 모두 그 근거를 밝히라.)

① 화무십일홍(花無十日紅)이라고 했다. 강대국 미국의 영화(榮華)가 1세기를 훨씬 넘겼다. 그러니 미국도 머지않아 쇠퇴의 길로 접어들 것이다.

⇨ 타당; 전건긍정추론(규칙).

2. 다음의 추론이 타당한지 아닌지 판단하라. (타당하거나 부당하거나 간에 모두 그 근거를 밝히라.)

① 누구든 만약 (우산이나 우비 없이) 비를 맞는다면, 옷이 젖는다. 그런데 철수의 옷은 젖어 있지 않다. 그러므로 철수는 비를 맞지 않았다.

⇨ 타당; 후건부정추론(규칙).

3. 다음의 추론이 타당한지 아닌지 판단하라. (타당하거나 부당하거나 간에 모두 그 근거를 밝히라.)

① 독도의 소재지가 울릉군이라면, 독도는 경상북도에 속한다. 그리고 독도가 경상북도에 속한다면 그것은 대한민국의 영토이다. 그러므로 만약 독도의 소재지가 울릉군이라면, 독도는 대한민국의 영토이다.

⇨ 타당; 가언삼단추론(규칙).

종합문제

다음에 제시되는 추론들 각각이 타당한지 부당한지를 밝히라. 만약 타당하다면 어떤 추론규칙에 의거하여 그러한지를 말하고 부당하다면 어떤 형식적 오류를 범하는지를 지적하라.

① 만약 그가 당선된다면 대북 강경노선은 유지될 것이다. 그런데 대북 강경노선이 유지된다면 남북 간의 긴장관계가 지속될 것이다. 따라서 그의 당선은 곧 남북 긴장의 지속을 의미한다.

⇨ 타당; 가언삼단추론(규칙).

⑤ 만일 현 정권이 정의롭지 못하고 민주주의를 심각하게 후퇴시키고 있으며 국민의 기본적인 인간적 삶을 보장하지 못한다면 그것은 교체되어야 함이 마땅하다. 그렇다면 현 정권의 모습은 어떠한가? 정의와 공정을 부르짖고 있음에도 불구하고 그것은 실제적으로 만연한 부정의를 감추기 위한 술책에 불과하다. 아울러 현 정권은 이전까지 점진적으로 발전하고 있던 이 나라의 민주주의를 급격하게 후퇴시켰다. 언론은 독재정권 시절을 연상케 할 정도로 통제되고 있으며 개인의 정치적 자유는 권력에 의해 암암리에 제한되고 있다. 마지막으로, 재벌과 같은 경제적 기득권 세력의 이익을 우선시한 경제정책을 펴고 사회적 복지를 등한시하여 서민, 중산층 등 대다수 국민들의 삶은 여전히 도탄에 빠져 있다. 결국 건전한 시민의식을 가지고 있는 국민들이라면 현 정권의 교체 필요성에 어렵지 않게 동의할 수 있을 것이다. 그렇다면 우리가 지닌 정권 교체의 유일한 방법은 무엇인가? 당연히 선거에 참여하는 것이다. 그러므로 우리는 선거에 적극적으로 참여해 이 정권을 심판해야 한다.

⇨ 타당; 전건긍정추론(규칙).

⑩ 만약 앞서 제시한 이른바 '평등한 자유의 원칙'과 '차등의 원칙'이 자유롭고 이성적인 모든 사회 구성원이 '무지의 베일' 속에서 채택할 원리라면 그것들은 정의로운 사회적 원칙이 될 수 있다. 그런데 '평등한 자유의 원칙'과 '차등의 원칙'은 모든 사회 성원이 그러한 조건에서 채택할 원리라고 할 수 있고 바로 이런 이유 때문에 우리는 이 두 원칙을 정의로운 사회적 원칙으로 간주할 수 있다. 또한 한 사회가 정의로운 원칙들을 실현하는 사회, 이러한 원칙들에 일치하여 작동하는 사회라면 그 사회는 비로소 정의롭다 할 수 있는바, 우리는 평등한 자유의 원칙과 차등의 원칙에 일치하는 사회를 정의로운 사회라고 할 수 있다.

⇨ 타당; 전건긍정추론(규칙).

⑮ 만일 '물체' 혹은 '물리적 사물'이 존재한다는 것을 우리가 알 수 있다면 그것은 경험을 통해 직접적으로(비-추론적으로) 알려지거나 추론을 통해서 알려질 수 있을 것이다. 우선 우리는 우리 내부를 구성하는 어떤 경험을 통해서도 바로 물리적 사물의 존재를 직관할 수 없다. 우리의 이른바 감각/지각경험 조차도 그것과 독립하여 그것 이면에 존재하는 '물리적 사물'이 존재함을 바로 보여주지 않는다. 그것은 그저 그러한 감각 경험이 우리 내부에 있다는 사실만을 우리 자신에게 확실하게 보여줄 뿐이다. 더 나아가 우리는 어떤 정당한 추론을 통해서도 물체의 존재를 알 수 없다. 왜냐하면 경험적으로 입증된 어떤 명제들로부터도 물체의 존재 사실을 정당하게 추론해낼 수 없기 때문이다. 결국 우리는 물체의 존재를 알 수 없다.

⇨ 타당; 후건부정추론(규칙).

⑩ 추론의 규칙 III : 선언삼단추론, 양도추론

연습문제

1. 다음의 추론이 타당한지 아닌지 판단하라. (타당하거나 부당하거나 간에 모두 그 근거를 밝히라.)

   ① 범인은 사기 또는 폭행 전과가 있는 자이다. 조사 결과, 범인은 사기 전과 3범으로 밝혀졌다. 이로써 우리는 그가 폭행죄를 지은 적이 없다는 것을 알 수 있었다.

      ⇨ 부당; 선언지 긍정의 오류('또는'은 여기서 포함적인 의미).

2. 다음 추론의 타당성을 평가하라.

   ① 배수의 진을 친 병사는 앞으로 나아가 적과 싸워 이기면 살아남을 수 있지만 뒤로 물러서면 필시 물에 빠져 죽는다. 이제 선택은 앞으로 나아가 싸우거나 뒤로 물러나 도망치는 것뿐이다. 그러므로 그 병사는 장차 개선하여 영광된 삶을 살거나, 아니면 도망병으로 물에 빠져 욕되게 죽을 것이다.

      ⇨ (형식적으로) 타당하지만 선언전제가 그릇된 가정이므로 하나의 오류, 즉 '거짓 이분법'의 오류로 볼 수 있음.

종합문제

다음의 추론들이 타당한지 부당한지를 밝히고 타당하다면 어떤 논법에 의거하여 그러한지를 설명하라.

① 김 선생은 중앙일보를 보거나 동아일보를 구독할 것이다. 그런데 그가 중앙일보를 구독하는 것으로 미루어 그는 동아일보를 구독하지 않는다는 것을 알 수 있다.

   ⇨ 부당; 선언지 긍정의 오류.

⑤ 그는 통합진보당이나 진보신당을 지지할 것이다. 그런데 그가 통합진보당을 지지하는 것이 확인된 이상 그는 진보신당을 지지하지 않을 것이다.

   ⇨ 부당; 선언지 긍정의 오류.

⑩ 지금 그의 업무실적으로 보아 그는 무능하거나 현재의 일에 열정이 부족한 사람이다. 만약 그가 학창시절에 열심히 공부한 사람이라면 현재 그가 무능할 리 없다. 그가 지금 하는 일을 진정 즐긴다면 열정이 부족할 리 없다. 그러므로 그는 학창시절에 공부를 열심히 안 했거나 지금 하는 일을 진정 즐기지 않는다고 할 수 있다.

   ⇨ 타당; 부정적 양도추론.

⑪ 진릿값표와 추론의 타당성

연습문제

1. 다음에 제시되는 명제들을 적절히 기호화하라.

①사람이 모두 죽는 것은 아니다. (P: 사람은 모두 죽는다)

⇨ ~P

⑤그것이 물이라는 것과 그것이 H_2O라는 말은 같다. (W: 그것은 물이다, H: 그것은 H_2O이다)

⇨ W↔H

2. 다음의 명제(형식)가 항진명제(형식)임을 진릿값표를 사용하여 증명하라.

$(p \rightarrow q) \vee p$

⇨

p	q	p→q	(p→q)∨p
T	T	T	T
T	F	F	T
F	T	T	T
F	F	T	T

5. 'p∨q'와 '~p→q'가 논리적 동치임을 진릿값표를 사용하여 증명하라.

⇨

p	q	~p	~p → q	p∨q
T	T	F	T	T
T	F	F	T	T
F	T	T	T	T
F	F	T	F	F

7. 진릿값표를 사용하여 후건부정추론의 타당성을 증명하라.

⇨

	p	q	~p[결론]	~q	p → q	~q · (p → q)[전제]
①	T	T	F	F	T	F
②	T	F	F	T	F	F
③	F	T	T	F	T	F
④	F	F	T	T	T	T

종합문제

1. 다음 추론(논증) 형식들이 타당한지 부당한지를 진릿값표를 통해 결정하라.

①p∨q

p

∴ ~q

	p	q	~q[결론]	p∨q	p · (p∨q)[결론]	
①	T	T	F	T	T	
②	T	F	T	T	T	
③	F	T	F	T	F	
④	F	F	T	F	F	부당

⑤ p → q

q

∴ p

	p[결론]	q	p → q	(p → q) · q[전제]
①	T	T	T	T
②	T	F	F	F
③	F	T	T	T
④	F	F	T	F

부당

⑩ p → q

r → s

p∨r

∴ q∨s

	p	q	r	s	p → q	r → s	p∨r	[결론] q∨s	[전제] (p → q) · (r → s) · (p∨r)
①	T	T	T	T	T	T	T	T	T
②	T	T	T	F	T	F	T	T	F
③	T	T	F	T	T	T	T	T	T
④	T	T	F	F	T	T	T	T	T
⑤	T	F	T	T	F	T	T	T	F
⑥	T	F	T	F	F	F	T	F	F
⑦	T	F	F	T	F	T	T	F	F
⑧	T	F	F	F	F	T	T	F	F
⑨	F	T	T	T	T	T	T	T	T
⑩	F	T	T	F	T	F	T	T	F
⑪	F	T	F	T	T	T	F	T	F
⑫	F	T	F	F	T	T	F	T	F
⑬	F	F	T	T	T	T	T	T	T
⑭	F	F	T	F	T	F	T	F	F
⑮	F	F	F	T	T	T	F	T	F
⑯	F	F	F	F	T	T	F	F	F

타당

2. 다음의 명제형식들이 항진명제의 형식인지를 진릿값표를 사용하여 결정하라.

① (p∨q) ↔ (q∨p)

p	q	p∨q	q∨p	(p∨q) ↔ (q∨p)
T	T	T	T	T
T	F	T	T	T
F	T	T	T	T
F	F	F	F	T

항진명제

⑤ [p∨(q·r)] ↔ [(p∨q) · (p∨r)]

p	q	r	q·r	p∨q	p∨r	p∨(q·r)	(p∨q)·(p∨r)	[p∨(q·r)]↔ [(p∨q)·(p∨r)]
T	T	T	T	T	T	T	T	T
T	T	F	F	T	T	T	T	T
T	F	T	F	T	T	T	T	T
T	F	F	F	T	T	T	T	T
F	T	T	T	T	T	T	T	T
F	T	F	F	T	F	F	F	T
F	F	T	F	F	T	F	F	T
F	F	F	F	F	F	F	F	T

항진명제

⑩ ~(p∨q) ↔ ~(p · q)

p	q	p·q	~(p·q)	p∨q	~(p∨q)	~(p∨q) ↔ ~(p·q)
T	T	T	F	T	F	T
T	F	F	T	T	F	F
F	T	F	T	T	F	F
F	F	F	T	F	T	T

항진명제 아님

⑮ (p→q) ↔ (~p→~q)

p	q	~p	~q	p→q	~p→~q	(p→q)↔(~p→~q)
T	T	F	F	T	T	T
T	F	F	T	F	T	F
F	T	T	F	T	F	F
F	F	T	T	T	T	T

항진명제 아님

⑫ 추론규칙 및 교체법칙을 사용한, 복잡한 추론의 타당성 증명

연습문제

1. 다음의 각 추론에 어떤 추론규칙이 적용되었는지 말하라.

① (A · B)∨(C↔D)

~(A · B)   / ∴ C↔D

⇨ 선언삼단추론

2. 아래 증명의 각 중간 결론에 대해 그것의 전제와 그 전제에 적용된 추론규칙을 빈 칸 위에 써라.

1. ~A

2. (B∨A) → C

3. A∨D

4. (D∨E) → B   / ∴C

5. D   <u>1, 3, 선언삼단추론</u>

6. D∨E   <u>5, 첨가추론</u>

    7. B   4, 6, 전건긍정추론

    8. B∨A   7, 첨가추론

    9. C   2, 9, 전건긍정추론

3. 추론규칙을 사용하여 다음 추론의 타당성을 증명하라.

   ① 1. $(A \rightarrow B) \rightarrow (C \rightarrow D)$

     2. $(A \rightarrow B) \vee (E \rightarrow F)$

     3. $\sim(C \rightarrow D)$ / ∴ $E \rightarrow F$

     4. $\sim(A \rightarrow B)$ 1, 3, 후건부정추론

     5. $E \rightarrow F$ 2, 4, 선언삼단추론

4. 다음의 각 추론에 어떤 교체법칙이 적용되었는지 말하라.

    $(A \vee \sim A) \cdot (B \vee \sim B)$ / ∴ $[(A \vee \sim A) \cdot B] \vee [(A \vee \sim A) \cdot \sim B]$

    ⇨ 배분(분배)법칙

5. 아래 증명의 각 중간 결론에 대해 그것의 전제와 그 전제에 적용된 추론규칙 및 교체법칙을 빈 칸 위에 써라.

    1. $\sim(\sim A \cdot \sim B)$

    2. $\sim A$ / ∴ B

    3. $\sim\sim A \vee \sim\sim B$ 1, 드모르강

    4. $A \vee B$ 3, 이중부정

    5. B   2, 4, 선언삼단추론

6. 추론규칙과 교체법칙을 사용하여 다음 추론의 타당성을 증명하라.

   ① 1. $A \rightarrow B$

     2. $(A \vee D) \rightarrow A$

     3. $(\sim A \vee B) \rightarrow D$ / ∴ B

     4. $\sim(\sim A \vee B) \vee D$ 3, 실질함언

     5. $(\sim\sim A \cdot \sim B) \vee D$ 4, 드모르강

     6. $(A \cdot \sim B) \vee D$ 5, 이중부정

     7. $(A \vee D) \cdot (\sim B \vee D)$ 6, 분배법칙

     8. $A \vee D$ 7, 단순화

     9. A   2, 8, 전건긍정

     10. B   1, 9, 전건긍정

종합문제

추론규칙과 교체법칙을 사용하여 다음 추론의 타당성을 증명하라.

   ① 1. $\sim A \vee \sim(B \cdot C)$ / ∴ $B \rightarrow (C \rightarrow \sim A)$

     2. $\sim A \vee (\sim B \vee \sim C)$ 1, 드모르강

     3. $(\sim A \vee \sim B) \vee \sim C$ 2, 결합법칙

     4. $(\sim B \vee \sim A) \vee \sim C$ 3, 교환법칙

5. ~B∨(~A∨~C) 4. 결합법칙
6. B→(~A∨~C) 5. 실질함언
7. B→(~C∨~A) 6. 교환법칙
8. B→(~~C→~A) 7. 실질함언
9. B→(C→~A) 8. 이중부정
⑤ 1. (~A · ~B)→[(~A∨H)→(C · L)]
2. ~A · (E→F)
3. ~B · (O↔P) / ∴ C · ~B
4. ~A 2, 단순화
5. ~B 3, 단순화
6. ~A · ~B 4, 5, 연언
7. (~A∨H)→(C · L) 1, 6, 전건긍정
8. ~A∨H 4, 첨가
9. C · L 7, 8, 전건긍정
10. C 9, 단순화
11. C · ~B 11, 5, 연언
⑩ 1. ~C→(A→~A)
2. (C∨D)→(B · E)
3. ~B / ∴ ~A
4. ~B∨~E 3, 첨가
5. ~(B · E) 4, 드모르강
6. ~(C∨D) 2, 5, 후건부정
7. ~C · ~D 6, 드모르강
8. ~C 7, 단순화
9. A→~A 1, 8, 전건긍정
10. ~A∨~A 9, 실질함언
11 ~A 10, 중복

⑬ 명제의 기호화와 양화이론

연습문제

1. 다음의 명제를 기호로 표시하라.
   백두산은 높지만, 압록강은 깊다.
   ('백두산'은 b로, '압록강'은 a로, 그리고 '높다'는 H, '깊다'는 D로 각각 나타내기로 한다.)
   ⇨ Hb · Da

4. 양화사를 사용하여 다음의 명제를 기호로 표시하라.
　① 모두를 사랑하는 사람이 있다. ('x가 y를 사랑한다.'는 'xLy'로 표시한다.)
　　⇨ (∃x)(y)(xLy)

종합문제

1. 관계의 종류에 관한 다음 질문에 답하라.
　① 서로 역관계인 관계를 2개만 들어라.
　　⇨ i. 관계 '…의 임금이다'는 관계 '…의 신하이다'의 역관계이다.
　　　ii. 관계 '…의 남편이다'는 관계 '…의 아내이다'의 역관계이다.
2. 다음의 명제들을 기호화하라.
　① 영희는 예쁠 뿐만 아니라 친절하기도 하다. (영희=y, 예쁘다=P, 친절하다=K)
　　⇨ Py · Ky
　⑤ 철수는 미스코리아 수상자만을 사랑한다. (철수=c, x는 y를 사랑한다.=xLy)
　　⇨ (x)(cLx → Mx)
　⑩ 모든 사람들의 사랑을 받는 미스코리아 수상자가 있다.
　　⇨ (x)(∃y)(xLy · My)

⑭ 양화사를 포함한 명제가 사용된 추론의 타당성과 부당성

연습문제

1. 다음 추론의 타당성을 증명하라.
　① 1. (x)(Ax → Bx)　　　　/∴ (x)[(Ax → (Ax∨Bx)]
　　 2. Ay → By　　　　　　1, 전칭실례
　　 3. ~Ay∨By　　　　　　2, 실질함언
　　 4. (~Ay∨By)∨Ay　　　3, 첨가
　　 5. ~Ay∨(By∨Ay)　　　4, 결합법칙
　　 6. ~Ay∨(Ay∨By)　　　5, 교환법칙
　　 7. Ay → (Ay∨By)　　　6, 실질함언
　　 8. (x)[(Ax → (Ax∨Bx)]　7, 존재일반화
2. 다음은 논증 '어떤 거미(S)는 독이 있다(P). 그리고 어떤 개미(A) 또한 독이 있다. 그러므로 어떤 거미는 개미이다.'의 타당성 증명이다. 이 증명에서 잘못된 부분을 지적하고 그 이유를 설명하라.
　 1. (∃x)(Sx · Px)
　 2. (∃x)(Ax · Px)　　　　/∴ (∃x)(Sx · Ax)
　 3. Ss · Ps　　　　　　　1, 존재실례

4. As · Ps   2, 존재실례

5. Ss   3, 단순화

6. As   4, 단순화

7. Ss · As   5, 6, 연언

8. (∃x)(Sx · Ax)   7, 존재일반화

⇨ 스텝 4에서, 존재실례의 법칙을 사용하여 '(∃x)(Ax · Px)'로부터 'As · Ps'를 연역한 것을 잘못이다. 왜냐하면, s는 이미 스텝 3에서 출현한 적이 있는 개체이기 때문이다.

3. 각 명제기호에 진릿값을 배정하는 방식으로 다음 추론의 부당성을 증명하라.

① 1. A → (B → C)

2. D → (A · B)

3. C → D   /∴ A ↔ C

⇨ A: T, B: F, C: F, D: F

4. 각 명제기호에 진릿값을 배정하는 방식으로 다음 추론의 부당성을 증명하라.

① 1. (x)(Tx → ~Vx)

2. (x)(Vx → Ux)   /∴ (x)(Tx → ~Ux)

1. Ta → ~Va

2. Va → Ua   /∴ Ta → ~Ua

⇨ Ta: T, Ua: T, Va: F

종합문제

각 명제기호에 진릿값을 배정하는 방식으로 다음 추론의 부당성을 증명하라.

① 1. H → A

2. I → A   /∴ I → H

⇨ A: T, H: F, I: T

⑤ 1. (A · B) → C

2. (B · ~C) → D

3. (C∨D) → E   /∴ A → E

⇨ A: T, B: F, C: F, D: F, E: F

⑩ 1. (x)(Ax → Fx)

2. (∃x)(Fx · Wx)   /∴ (∃x)(Wx · Ax)

1. Aa → Fa

2. Fa · Wa   /∴ Wa · Aa

⇨ Aa: F, Fa: T, Wa: T

⑮ 1. (x)(Ax → ~Bx)

2. (∃x)(Cx · ~Bx)   /∴ (x)(Ax → Cx)

1. (Aa → ~Ba) · (Ab → ~Bb)

2. (Ca · ~Ba)∨(Cb · ~Bb) /∴ (Aa → Ca) · (Ab → Cb)

⇨ Aa: T, Ba: F, Ca: T, Ab: T, Bb: F, Cb: F

참고문헌

Bowell, T. and Kemp, G., *Critical Thinking: A Concise Guide*, London and New York: Routledge, 2002.

Carney, J. D. and Scheer, R, K., *Fundamentals of Logic*, 2nd ed., New York: Macmillan, 1974.

Copi, I. M., *Introduction to Logic*, 6th ed., New York: Macmillan, 1982.

_____, *Symbolic Logic*, 5th ed., New Jersey: Prentice-Hall, 1979.

Gensler, H. J., *Introduction to Logic*, 2nd ed., New York and London: Routledge, 2010.

Hospers, J., *An Introduction to Philosophical Analysis*, Revised ed., London: Routlegde and Kegan Paul Ltd, 1967.

Popper, K. R., *The Logic of Scientific Discovery*, 2nd ed., New York: Harper Torchbooks, 1968.

Pospesel, H., *Predicate Logic: Introduction to Logic*, New Jersey: Prentice-Hall, 1976.

Priest, G., *Logic: A Very Short Introduction*, Oxford: University of Oxford Press, 2000.

Salmon. W., *Logic*. 2nd ed., New Jersey: Prentice-Hall, 1979.

Ritchie, A. D., "A Defence of Aristotle's Logic", in *Mind* 55 (1946): pp. 256-262.

Kenny, A., *Wittgenstein*, 김보현(역), 『비트겐슈타인』, 서울: 철학과현실사, 2001.

김보현

김보현은 연세대학교 철학과와 같은 학교 대학원 철학과를 졸업하고, 독일 트리어(Universität Trier) 대학교에서 철학박사 학위를 받았다. 미국 플로리다 대학교(University of Florida) 방문교수를 역임했으며, 현재 울산대학교 철학과 교수로 재직 중이다.

저서 및 역서로는 *Kritik des Strukturalismus*(Armsterdam: Rodopi, 1991), 『비트겐슈타인』(Anthony Kenny 저, 철학과현실사, 2001) 등이 있다.

김효섭

김효섭은 고려대학교 문과대학 심리학과를 졸업하고, 영국 워릭대학교(University of Warwick)에서 철학 디플로마(Postgraduate Diploma), 석사, 박사 학위를 받았다. 전남대학교에서 강의했으며, 현재 울산대학교 인문대학 철학과에서 객원교수로 근무하고 있다. 논문에는 "Nietzsche's Substantive Ethics: Towards a New Table of Values"(박사학위논문), 「니체 윤리학에 있어서의 가치의 소재(locus of value): 창조성에 대한 니체의 윤리학적 관점」, 「니체의 행복론: 행복의 조건」 등이 있고, 저서로는 『윤리학의 이해』(공저, 철학과현실사, 2011)가 있다.